세계의

주인의

세계

일러두기

· 촬영 시 현장감을 위해 쓴 입말이나 줄임말, 통속어 등을
  그대로 표기하였습니다.
· 현장에서 새롭게 쓰인 부분을 반영하는 대신 각본 최종고의 표현을
  기록하고자 하였습니다.
· 국립국어원의 외래어 표기법을 따르되, 필요한 경우 관용에 따라
  표기하였습니다.

세계의

주인

각본집 —— 윤가은 지음

안온

차례

세계의

주인

각본

등장인물

이주인	18세 — 여자. 고등학교 2학년. 반장.
강태선	40대 — 여자. 어린이집 원장. 주인의 엄마.
이해인	10세 — 남자. 초등학교 3학년. 주인의 남동생.
배연자	70대 — 여자. 주인의 외할머니.
이기동	40대 — 남자. 주인의 아빠.

장수호	18세 — 남자. 고등학교 2학년. 주인의 같은 반 친구.
장누리	6세 — 여자. 어린이집 원생. 수호의 여동생.
공유라	18세 — 여자. 고등학교 2학년. 주인의 절친.
박찬우	18세 — 남자. 고등학교 2학년. 주인의 남자친구.
권소미	18세 — 여자. 주인의 친한 친구.
홍보미	18세 — 여자. 주인의 친한 친구.
표다미	18세 — 여자. 주인의 친한 친구.

한미도	25세 — 여자. 일식 주점 주방 매니저.
	주인의 태권도장 선배.
이인주	50대 — 여자. 간호사. 봉사 모임 반장.
양보아	30대 — 여자. 고등학교 화학 교사.
	주인의 학급 담임.
오대한	50대 — 남자. 태권도장 관장.
송 선생	20대 — 여자. 어린이집 교사.
수호 아빠	40대 — 남자. 회사원. 수호의 아빠.

봉사 모임 멤버

임산부	30대 — 여자.
회사원	30대 — 남자.
주부	40대 — 여자.
프리랜서	40대 — 여자.

외 다수

#1 학교, 복도 — 오전

교사 한 명이 걸어가는 조용한 복도. 쉬는 시간 종이 울리자, 교실에서 아이들이 속속 빠져나온다. 어느새 걷고, 뛰고, 속삭이고, 소리치는 아이들로 북적이는데…… 멀리, 한 여학생이 걸어오는 모습이 보인다. 핸드폰을 보며 웃더니 코너를 돌아 사라지는 여학생. 아이들은 여전히 걷고, 뛰고, 속삭이고, 소리치느라 정신없다.

#2 학교, 비품 창고 — 오전

한창 키스 중인 여학생과 남학생. 둘 다 열심히 한다고 하는데 서툴러 자꾸 뻑사리가 난다. 이가 부딪치고 침이 흘러 점점 집중이 깨지는 여학생. 반면 혼자 흥분한 남학생은 여학생의 교복 위로 가슴을 움켜쥔다. 곧 수업 종소리와 함께 복도의 소음도 잦아들지만 남학생은 멈출 줄 모르는데…… 말리다 안 되자 결국 세게 밀치는 여학생. 남학생이 뒷선반에 머리를 쿵 박자, 둘은 동시에 웃음이 터진다. 그제야 또렷이 보이는 여학생의 얼굴. 명랑하고 맑은 눈빛의 **주인** 18세, 여이 가까이 마주 선 천진한 인상의 남학생 **찬우** 18세, 남를 가만히 바라본다. 골똘히 생각에 잠기는 주인.

3 학교, 교실 ─ 오전

누군가의 그림 속, 한 소녀가 소년의 상의를 천천히 풀어헤친다. 소년의 복근을 더듬는 소녀의 손길은 잔골을 지나 바지 안으로 향하는데…… 어디선가 들려오는 낮은 숨소리. 아직 교사가 들어오지 않아 교실은 조금 소란스럽다. 패드를 숨기고 만화를 그리던 **유라**^{18세, 여}가 흠칫 놀라 옆을 보니, 막 들어와 앉은 주인이 음흉하게 웃고 있다. 주인의 상의 단추가 풀린 것을 보고 혀를 차는 유라.

유라

이주인. 연애 좀 살살 하지─

주인

(민망한) 공유라. 너나 그림 살살 그려─
갈수록 수위가 그냥 아우…….

아예 유라의 패드를 뺏어 들고 보는 주인. 19금을 몸으로 표현하며 감탄하자 유라는 패드를 빼앗으려 난리다. 교사가 들어오자 눈치 보며 실랑이를 벌이는 절친한 두 사람.

#4 학교, 운동장 — 오전

"반장…… 이주인!" 부르는 소리에 돌아보는 주인. **체육교사**40대, 남 의 지도 아래 배구 토스 연습 중인 아이들 사이, 모두와 스스럼없이 어울리며 밝은 분위기를 유도하는 주인이 보인다. 한 남학생이 공을 빼앗아 도망가자 달려가 헤드록을 걸어버리는 주인. 남학생은 막상 붙잡히자 쩔쩔매고, 주인은 더 신나서 놀리다 뒤에 있던 **수호**18세, 남 와 충돌해버린다. 넘어진 수호를 일으키려 남은 손을 내미는 주인. 수호는 주인의 가슴에 남학생 머리가 닿을락 말락한 모습을 보고는 한심하단 표정으로 혼자 일어나 가버리는데…… 잠시 째려보는 주인. 교사가 부르는 소리에 다시 힘차게 뛰어가는데, 유라가 다가와 주인의 엉덩이를 가려주며 눈치를 준다. 주인의 체육복 바지에 생리가 샜다.

#5 학교, 급식실 — 점심

억울해 죽겠는 주인. 전투적으로 밥을 먹으며 **유라, 소미**18세, 여, **보미**18세, 여 와 수다를 떤다.

주인
아니— 탐폰 끼고 생리대까지 깔았다니까—
나 진짜 기저귀 차야 돼?
기술 발전이 고작 이 정도라고?

유라

(픕) 양 너무 많은 거 아냐? 병원 가봐–

주인

가봤지– 문제없대. 내 자궁은 완벽하다고–!

소미

와. 이주인 어른이네. 산부인과도 가고–
난 아직 탐폰도 못 넣겠던데…….

보미

일단 그렇게 작은 데 뭔가 들어갈 수 있다는 게
말이 안 돼. 다들 애는 어떻게 낳는 거야?
아니 애초에 섹……는?

유라

뭔가 방법이 있겠지–
여자도 사실 흥분하면 남자처럼 막 커진다거나– (큭큭)

소미

(짜증) 아니 나 전남친도……
진짜 걍 둘이 셀카 찍고 놀고 있었거든?
근데 갑자기 엉덩이 쪽에 뭔가 뾰족한 게 찌르는 거야.
똥침 하는 것처럼……!

유라

(푸핫) 성났네. 성났어ㅡ

소미

남자들은 진짜 그게 조절이 잘 안되나?
약간…… 생리통처럼?

보미

야. 어디 생리통이랑 비교를……
근데 애 낳으면 생리통 없어진다며? 진짜야?
그건 뭔 원리야?

유라

(큭) 진짜면? 낳게?
아니 울 엄만 울 언니 낳을 때, 머리통 너무 커서
거기 입구 빡 찢어졌다고…… (다들 비명 지르고)
(주인에게) 근데 넌 산부인과 어땠어?
성 경험 없음 거기 말고 똥꼬로 검사한다며?
처녀막 터질까 봐. 진짜야?

주인

그랬나……? (생각 안 나는데)
근데 검사도 처음만 그렇지 막상 해보면 별거 없어ㅡ
아니 탐폰은 진짜 쉬운데? 걍 자세 잡고, 벌려서,
안으로 쑥…….

반찬으로 나온 고추로 시범을 보이려는 주인과 말리는 친구들. 창피한데 웃기고 미치겠다.

#6 어린이집, 복도 / 원장실 ─ 오후

복도. 뛰놀고 칭얼거리는 아이들을 감당하느라 정신없는 **송선생**20대, 여. 원장실 책상 위에 멍하니 앉은 **누리**6세, 여는 머플러를 목에 둘러 한쪽 팔을 임시로 고정시켰는데 여기저기 찰과상도 입었다. 그 사이를 분주하게 오가며 전화를 거는 **태선**40대, 여. 송 선생에게 뭔가 지시하고, 아이들을 달래고, 누리를 다독이는 등, 모든 것을 한꺼번에 처리하는 노련한 원장의 모습이다. 그때 현관에서 빼꼼 고개를 내미는 주인. **"엄마─"** 부르며 태선의 지갑과 자동차 키를 흔든다. 들어오라고 신호를 보내는 태선. 머뭇거리던 주인은 뛰놀던 아이 한 명이 달려와 안기자 놀라 얕은 비명을 지른다.

#7 병원, 복도 ─ 오후

데스크 앞. 추후 진료에 대해 문의하는 태선. 누리와 주인은 의자에 앉아 기다린다. 두꺼운 깁스를 하고 여기저기 밴드를 붙인 누리는 핸드폰을 하는 주인을 힐끔거린다. 괜히 눈치가 보여 핸드폰을 집어넣는 주인. 둘 다 말이 없어 분위기는 더 어색해진다.

주인

······아프냐?

어깨만 으쓱하는 누리. 주인은 누리의 목 근처 찰과상에 붙은 밴드를 발견한다.

주인

으으- 여긴 진짜 아팠겠다-

누리

아닌데? 하나도 안 아픈데?

새침한 얼굴로 센 척하는 누리. 주인은 그런 누리가 영 마음에 안 드는지 가만히 보다 밴드 위를 슬쩍 누른다. 순간적인 아픔에 놀라 쳐다보는 누리. 둘 사이, 미묘한 긴장이 흐르는데····· 그때, 멀리서 누군가 **"누리야!"** 부르며 한걸음에 달려온다. 수호다.

주인

(놀라며) 어? 장수호! 뭐야? 니 동생이야?

수호

어- 뭐야? 너가 왜····· (설마) 니가 이랬어?!

어? (웃음 터지고) 야! 뭔 소리야,

내가 지금 애 때문에…….

어이없어 말문이 막히는 주인. 그때, 태선이 **"누리 오빠야, 좀 와볼래?"** 하고 부르자, 수호가 데스크로 향한다. 다시 눈이 마주친 누리는 흥- 고개를 돌리며 딴청을 피우고…… 황당한 주인. 누리의 작고 여린 몸뚱어리를 가만히 내려다본다.

#8 도로(집으로 가는 길), 태선의 차 안 — 저녁

보조석에 앉아 멍하니 생각에 잠긴 주인. 운전 중인 태선은 종알종알 수다를 떤다.

태선

수호가 니네 반이었구나-

걔 진짜 애 참하지 않니? 듬직하고-

야. 그런 남자를 만나야 돼!

뭔 일이 있어도 그냥 딱 버티고 서서…….

태선, 한참 말하다 문득 옆을 보는데, 주인은 계속 창밖만 보며 멍 때리고 있다.

태선

……이주인!

주인

(정신 차리고) 어? 왜?

태선

아니- 니 남친이 별로란 얘기가 아니라-

주인

아. 나 헤어졌는데.

태선

(놀라서) 갑자기? 또 왜?

주인

그냥. 잘 안 맞아.

태선

이주인…… 벌써 몇 번째야?
어떻게 매번 한 달을 못 넘겨?

주인

몰라. 나 진짜 연애 고잔가 봐.
걍 애초에 글러먹은 거지. 내 주제에 무슨-

다시 창밖을 멍하니 내다보는 주인. 태선이 주인을 장난스레 때린다.

태선

또또 오버한다.

첨부터 잘하는 사람이 어딨냐? 하면서 느는 거지.

……왜? 또 뭐가 안 맞았는데?

뭐 19금이야……?

주인

(깜짝) 아 엄마 쫌!

더 파고들려는 태선. 주인은 아예 귀를 막고 **"아아–"** 큰 소리를 낸다.

#9 주인 집, 거실 — 밤

쇼를 위한 온갖 잡동사니들이 나뒹구는 거실 한복판. 마술사 복장을 한 **해인** 10세, 남이 똘망똘망 빛나는 눈으로 자기 눈알을 뺐다 넣는 식의 마임을 선보인다. 다들 **"오 오–"** 하며 추켜세우는 분위기. 이어 해인은 손끝에 쥔 동전을 이리저리 옮겨본다.

해인

자- 이 동전에서 절대 눈을 떼지 마십시오!

이제 여러분 눈앞에서…… 바로 이 동전이……

두구두구……. (따라 하라는 제스처)

태선의 눈치에 어쩔 수 없이 따라 하는 주인. 해인이 **"핫!"**
기합을 넣는데 동전이 없어지긴커녕 몇 개 더 떨어진다. 푸
핫 실소가 터지는 태선. 이번엔 주인이 눈치를 준다.

주인

이해인. 괜찮아. 더 연습해라-

사람이 노력해서 안 될 것이 없다-

해인이 다시 뒤돌아 맹연습하는 사이, 태선은 기다렸다는
듯 냉장고로 뛰어가고, 주인은 핸드폰을 들어 누군가에게
문자를 보낸다. 맥주 몇 캔을 더 가져와 자리에 앉는 태선.

태선

누구야, 이 시간에- 새 남자……?

주인

(핸드폰 감추며) 작작 좀 마셔, 이 여자야-

해인

자자…… 집중!

여러분. 제가 이번엔 새로운 마술을 선보여드리겠습니다–
이 밧줄을 잘 보십시오! 이 밧줄이…….

문득 일어나 밧줄을 빼앗는 태선. 호들갑을 떨다 아예 무
대를 점령해버린다. 밀려난 해인이 방정맞게 뛰어다니는
태선을 쫓아다니는 모습에 주인도 폭소가 터진다. 정다운
가족의 밤 풍경.

10 사찰, 대웅전 — 새벽

아직 푸르스름한 빛이 남은 새벽의 끝자락. 맑은 목탁 소
리가 울려 퍼지는 고요한 사찰 안, 태선은 중앙 계단 구석
에 쭈그리고 앉아 정신없이 졸고 있다. 대웅전 안. 절하는
사람들 사이로, 방석에 그대로 엎어져 잠든 해인이 보인
다. 세련된 옷차림에 고고한 분위기를 풍기는 **연자**70대, 여
가 주인에게 절하는 법을 알려준다.

연자

(주인 손을 붙잡고) 아니– 쫙 펴고 뒤집어야지.
두 손으로 부처님 발을 받든다 생각하면서…….

자꾸 헷갈리는 주인과 답답해하는 연자. 그래도 주인은
절하기를 멈추지 않는다.

#11 사찰, 산길 — 오전

일주문을 향해 가는 네 사람. 연자는 지나는 불자와 우아
하게 눈인사를 나누는데, 태선은 핸드폰만 보고 있다. 연
자의 팔짱을 낀 주인은 해인에게 장난칠 틈만 노린다.

연자

(주인에게) 어때? 아침부터 부지런히 기도드리니까
기운도 아주 맑아지지?

태선

엄마. 메기매운탕 어때? 얼큰하게 속 좀 풀고…… 아니다.
김치수제비? 파전이랑 먹으면……. (캬)

먹는 일에만 관심 있는 태선. 연자는 애써 무시하며 다시
주인에게 집중한다.

연자

특히 주인인 집에서도 매일 이렇게 기도 올리면 좋아.
알지? 아무리 더럽고 혼탁한 마음이 올라와도
기도하면 다 사라지고…….

태선

(경고하듯) 엄마—

연자

(무시하고) 그냥 다 내 탓이다, 내 업보다 생각해.
어쩌겠니? 니가 전생에 지은 죄가 많은 걸.
니 외할아버지도 그랬어.
사는 내내 온갖 못된 마귀들이 들러붙어서…….

태선

(화나고) 엄마. 내가 한 번만 더…….

주인

(끼어들고) 할머니, 저 그런 의미로다!
공덕 좀 쌓으러 갈게요—
(태선에게) 엄마, 나 늦어서 먼저 갈게—

황급히 달려나가는 주인. 연자는 걱정스레 바라보지만 태선은 이미 화가 났다.

태선

아니 왜 맘 잡고 잘 사는 애한테 자꾸 그런 말을 해!
암튼…… 평생 사람 속을 뒤집어놔 그냥.

연자

뒤집어? 내가?

······야. 너 이만큼 사는 거 다 누구 덕인데?!

내가 니 아빠, 밖에서 염병 천병 떠는 동안,

너 하나만 보면서······.

평생 반복했을 레퍼토리를 늘어놓는 연자. 태선은 해인을
붙잡고 딴청을 피운다.

#12 다세대 빌라, 안 — 점심

살림살이와 쓰레기가 빼곡하게 들어찬 독거노인의 집. 주
인인 듯한 할머니 한 분이 계단에 무심히 앉아 있는데······
반장 **인주**50대, 여를 중심으로 작업복을 입은 봉사자들이
일사불란하게 청소하고 있다. 웃음과 수다가 끝없이 오가
는 유쾌한 분위기 속, 유일한 10대인 주인도 싹싹하게 쫓
아다니며 부지런히 일한다. 구슬땀을 흘리며 쓰레기봉투
를 묶으려 애쓰는 주인. 누군가 다가와 넘치는 쓰레기를
빼내며 대신 묶어주는데······ 놀라서 보니 **미도**25세, 여가
쌩긋 웃고 있다. 반가움에 얼굴이 환해지는 주인.

주인

(투정) 미도 언니! 왜 이렇게 늦었어-

내가 문자도 백 개 보냈는데······!

미도

미안미안– 어제 진상 손님들 때문에
완전 새벽에 마감해가지고–
나 진짜 겨우 두 시간 자고 나왔다니까. 지금 완전······.

인주

(멀리서) 한미도. 지금 몇 시야?
막내한테 모범을 보여야지–

미도

아이– 인주 언니! 나 요즘 정신없는 거 알면서–
나 아침부터 변호사님 만나느라 밥도 못 먹고······.
근데 진짜 뭐 먹을 거 없어?

애교 있게 다가가 숨겨놓은 간식을 달라고 보채는 미도.
인주는 기가 막혀 웃음이 다 난다. 미도를 보자 기분이 좋
아진 주인. 다시 열심히 일한다.

 # 13 미도의 주점, 안 – 오후

작은 일식 주점. 왁자지껄 웃고 떠들고 먹고 마시는 멤버
들 사이, 앞치마를 두른 미도가 주방을 오가며 안주를 내
온다. 주인도 그 사이에 끼여 열심히 먹고 웃는다.

인주

미도야. 이건 또 뭐야?
대체 뭘 넣었길래 이렇게 쫄깃쫄깃- (너무 맛있고)

미도

뭘 넣긴? 다 넣었지!
내 피, 땀, 눈물, 한, 스트레스……!

프리랜서 40대, 여

맞네- 미도 요즘 한창 정신없지?
준빈 잘 되고 있어?

미도

아니 언니. 그 변호사님 너무 좋던데?
좋은 얘기도 엄청 많이 해주시고-
(임산부에게) 맞다. 언니 임신한 거 얘기했어.
축하한다고 전해달래.

임산부 30대, 여

아이고, 맞다. 연락 한번 드리려고 했는데
정신이 없어서-

프리랜서

근데 진짜 넌 봉사 계속 나올 수 있는 거야?
이제 두 달 남았나?

임산부

안 그래도 잠깐 쉬어야 되나 싶어요.
애기 아빠도 걱정이 많고, 요즘 배도 자주 뭉쳐 가지고…….

인주

에이– 그럴수록 더 많이 움직이고 나다녀야 좋아지지!
운동한다 생각하고 나와 계속–

프리랜서

(웃고) 언닌 애 낳아본 적도 없으면서…….
그리고 인주 언니 정형외과 아냐?

인주

정형외과는 뭐 산모 안 받냐?
그리고 간호사는 원래 멀티거든–

미도

헐. 언니 그럼 성형외과로 옮겨라!
나 요즘 주방에만 있었더니 얼굴이 너무…….

인주

(무시) 암튼 다들 사람답게 살고 싶으면, 일단 움직이고 봐.
허구한 날 방구석에 있음 뭐 하냐?
계속 구린 생각만 올라오지–

주부 40대, 여

맞아. 난 인주 언니한테 진짜 고맙긴 해.
어쨌든 이렇게 바람도 쐬고 땀도 흘리니까,
좀 좋은 사람 된 기분도 들고—

임산부

근데 언니네 주말부부 아니에요?
반나절이나 까먹는데 형부가 뭐라 안 해?

주부

원래 부부는 웬만하면 안 마주치는 게 예의야.
오늘은 애들도 없다—
남편이 데리고 캠핑 갔지롱—

회사원 30대, 남

올— 그럼 오늘 2차는 누나네 집에서 하나용?

주부

맞다. 자기 축하 파티해야지! 애 약 끊었잖아—

회사원

맞습니다, 여러분. 제가 무려……
13년 만에 약을 끊었습니다! (환호받고)

인주

잘했네- 그럼 상담은?

그게 더 비싸다며? 것부터 끊지!

회사원

그건 아직-

우리 쌤 넘 잘생겨서 보는 게 치료라……. (웃고)

인주

으이구. 남의 말 듣고 뭐 얼마나 좋아진다고 돈지랄을-

프리랜서

왜- 난 상담에 돈 쓴 게 세상에서 젤 잘한 일인데.

원래 인간이 지 꼬인 속 절대 혼자 못 풀어-

미도

맞아! 난 우리 쌤 없었으면 지금 완전 개망나니 됐어-

그치, 주인아?

인주

아가들아- 그게 다 자본주의의 신화고 환상이란다-

누굴 만나서, 돈을 써서 좋아진 게 아니에요.

그만큼의 절박한 의지! 노력!

그런 게 있으니까 좋아진 거지.

그치 않냐, 주인아? 너 어떻게 생각해?

둘 사이에 끼여 눈치가 보이는 주인. 어벙한 얼굴로 머뭇거리는 주인이 귀여워 미도가 뽀뽀를 퍼붓는다. 깔깔 웃어대는 멤버들. 다시 유쾌하게 떠든다.

14 태권도장, 수련실 — 저녁

아무도 없는 도장. 도복을 입은 검은 띠의 주인이 혼자 발차기를 연습 중이다. 뒤돌려차기가 잘 되지 않아 계속 반복하는 주인. 잠시 후, 문이 열리더니 관장 **대한** 50대, 남 이 들어온다.

대한

이주인. 넌 비번 알려줬다고 진짜 아무 때나 온다?

주인

(놀라고) 관장님!
죄송합니다. 지난주에 너무 많이 빠져서…….

대한

선수할 것도 아니면서 무슨–

멋쩍게 웃는 주인. 간식이 든 봉지를 내려놓은 대한이 수련실을 쓱 둘러본다.

혼자 있을 땐 문 잠그고-

(슬쩍 보고) 작작 해라. 한 번에 되는 거 아니다-

다시 문밖으로 나가는 대한. 주인, 땀을 닦고 다시 호흡을 고른 뒤 연습을 시작한다.

#15 주인 집, 주인 방 — 밤

깊은 밤. 책상에 앉아 열심히 문제를 푸는 주인. 머리를 쥐어뜯다 겨우 해답을 얻자 기쁨의 기지개를 켠다. 때맞춰 울리는 핸드폰. 찬우에게서 **'주인아. 제발 우리 헤어지는 이유라도 알려주면 안 돼?'** 하는 문자가 왔다. 한숨이 절로 나오는 주인. 침대에 벌렁 누워 문득 아빠와 주고받은 문자 메시지 창을 열어본다. 아침에 **'아빠. 오늘 거기 풍경은 어때?'** 하는 문자를 보냈는데 아직도 답이 없다. 전에 나눈 문자들을 보는데, 주로 주인이 **'밥 먹었어?'**, **'오늘 비 많이 온대. 조심해'** 같은 안부를 물었고, 아빠는 아주 가끔 **'응'**, **'그래'** 같은 간단한 답만 보내왔다. 한참 스크롤을 올리다 아빠가 보낸 사진에서 멈추는 주인. 사진 속, 나무와 풀이 울창하게 우거진 깊은 산속의 작은 오솔길 풍경을 가만히 본다. 천천히 확대해 보는 주인. 멀리 알 수 없는 곳으로 이어지는 숲길이 화면 가득 차오른다.

#16 깊은 산길 ─ 오후

사진 속 산길. 누군가 울창하게 우거진 숲속을 걸어가고
있다. 사람은 보이지 않고, 규칙적인 숨소리와 발소리만 오
래도록 들려온다.

#17 수호 집, 거실 ─ 오전

이를 닦던 수호가 변기에 앉은 누리의 목덜미에서 작은 멍
을 발견한다.

수호

누리야. 이거 뭐야?

이건 또 언제 이랬어?

걱정스레 살피는 수호와 전혀 모르겠단 얼굴로 달랑달랑
다리만 흔드는 누리. 활짝 열린 화장실 문 너머 거실에, 출
근 준비와 통화로 정신없는 **수호 아빠**40대, 남가 보인다.

수호 아빠

(통화 중) 그쵸. 정말 죄송한데,

딱 오늘만 10시까지 봐주시면……

수호

(핸드폰 뺏어 들고) 아줌마, 저 수혼데요.

그냥 제가 8시까지 올게요.

네. 누리 픽업이랑 저녁만 잘 부탁드립니다. 네- (끊고)

(아빠에게) 왜 그렇게 쩔쩔매? 돈도 다 드리는데…….

수호 아빠

아들- 그럼 학원은? 너 저번 주에도…….

수호

됐어- (시계 보고) 얼른 가. 늦었어.

수호를 빤히 보다 뽀뽀를 퍼붓는 아빠. 수호가 질색하며
아빠를 얼른 내보낸다. 복도에 **"누리야. 아빠 먼저 간다.
오빠 말 잘 들어-"** 하는 소리가 울려 퍼진다.

누리

오빠. 나 다 쌌어. 닦아줘-

수호

장누리. 이제 혼자 할 수 있잖아.

얼른 닦고 나와-

누리

나 못하는데? 나 아직 애긴데—

팔도 안 움직이는데—

웃음이 터지는 수호. 결국 가서 휴지를 뜯다 누리의 장난
에 다시 웃음이 터진다.

#18 수호 동네, 계단 길 ─ 오전

등굣길. 계단을 내려가는 수호 남매. 누리는 어느새 수호의
손길을 벗어나 혼자 긴 계단을 내려간다. 아슬아슬해 보이지
만 곧잘 내려가는 누리. 부지런히 쫓아가던 수호는 문득 한
빌라 앞에 멈춰 선다. 우스꽝스러운 모양의 남자 성기와 이
를 흉기로 자르는 그림이 가득 차 있는 벽면엔 **'성범죄자새
끼죽어'** 하고 커다랗게 휘갈긴 낙서도 보인다. 수호, 가만히
노려보는데…… 어느새 끝까지 내려간 누리가 **"오빠—"** 하고
부르는 소리가 들린다. 다시 정신 차리고 내려가는 수호.

#19 학교, 교무실 ─ 오전

담임 **보아** 30대, 여 와 마주 앉아 면담 중인 주인. 보아가 생
활기록부를 꼼꼼히 보는 동안, 주인은 책상 구석에 놓인
탐스럽게 잘 익은 빨간 사과에서 눈을 떼지 못한다.

세계의 주인

보아

잘하고 있네. 수학만 더 신경 쓰면 될 것 같고-
학원 안 다닌댔지?
뭐 주인이야 혼자서도 알아서 잘 하니까…….
주인아. (대답 없자) 이주인!

그제야 정신 차리는 주인. 보아가 진로 희망란을 가리키는
데 공백이다.

보아

진로는? 아직도 고민 중?

주인

아 네. 너무 어려워요…….

보아

(웃고) 편하게 생각해. 커서 뭐 해보고 싶은 거 없어?
좀 폭넓게, 어떤 사람이 되고 싶다든가…….

고민하다 다시 사과에 시선이 꽂히는 주인. 보아는 피식
웃으며 사과를 집어 주인에게 내민다.

주인

(놀라고) 아니에요, 쌤! 저 사과…….

보아

괜찮아. 먹어. 너니까 주는 거야–
쌤 아빠가 농사해서 직접 보내주시는 건데…….

아예 주인의 얼굴로 들이미는 보아. 주인은 한사코 거절하다 갑자기 사레들린 듯 기침을 하기 시작한다. 곧 목을 부여잡고 숨을 가쁘게 몰아쉬는 주인. 보아도 당황한다.

보아

주인아, 왜 그래? 너 사과 알레르기 있니……?

주인

그건 아닌데…… (하악)
사과가…… 제가 사과를……. (하악)

옆자리 교사들도 놀라서 다가오는데…… 갑자기 멀쩡해지는 주인. 사과를 내려놓으며.

주인

……진짜 안 좋아해서요.
아! 사과를 좋아하는 사람이 되어볼까요?

장난스레 웃는 주인의 등을 찰싹 때리는 보아. 주인의 양치기 소년 같은 장난은 전적이 화려한 듯하다. 교사들 사이, 원망과 웃음이 가득하다.

#20 학교, 과학실 — 오후

과학 시간. 같은 조원 친구에게 실험 결과를 친절하게 설명
해주는 주인. 생각에 잠겼던 유라가 그런 주인을 유심히 보
다 쓱 다가간다. 교과 내용을 물어보는 척 접근하는 유라.

유라

이주인. 그…… 할 때 느낌 어때? 정말 좋아?

주인

뭐가……? (눈 마주치고)
야! 나 안 해봤어…….

유라

야. 나도 내 그림 너한테만 보여주잖아-
걍 실제 느낌이 궁금해서 그래. 어떤데……?

주인

(웃고) 아니라고……
왜? 나 해본 것처럼 보여?

유라

(빤히 보다) 응. 존나 많이. 폭넓게……?

가만히 유라를 바라보는 주인. 비밀 이야기를 해줄 것처럼 다가가더니, 갑자기 유라를 더듬으며 장난친다. 질색하며 피하는 유라. 그때, 앞으로 나가던 수호가 주인과 부딪혀 서명지를 떨어뜨린다. 다시 줍고는 흘겨보고 가는 수호. 주인도 짜증이 난다.

보아

……조용! 조별 보고서는 다음 주까지 제출하시고-
수호가 방송반에서 뭐 준비하는 게 있다니까,
다들 잘 들어보자고-

준비한 PPT 파일을 화면에 띄우는 수호. 제목은 〈**'아동 성범죄자 황재열의 거주를 반대합니다!' 전교생 서명 프로젝트**〉다. 옅은 한숨을 내쉬는 주인.

수호

다름 아니고……
다들 8년 전 황재열 사건 알지?
밑에 삼거리 쪽 초등학교 여자애 성폭행해서 잡혀간.
다음 달에 출소하면 다시 돌아온다는데……
방송반에서 반대 서명 준비 중이거든.
먼저 영상 보여줄게.

동영상을 재생하는 수호. 8년 전, 초등학교 3학년 여학생을 대상으로 끔찍한 성범죄를 저질렀던 가해자 황재열에 관한 탐사보도가 시작된다. 떠들던 아이들도 **"어떻게 저런 새끼가 벌써 나와?", "저 여자애 무슨 장기 파열됐다며?", "저기 학교 근처라 완전 난리 났었는데……"** 하며 집중하기 시작한다. 주변을 둘러 보던 주인은 문득 바닥에 떨어진 서명지에 시선이 간다. 들어서 천천히 읽어보는 주인. 졸린 듯 긴 하품을 한다.

#21 학교, 교실 — 오후

책상에 엎어져 잠든 주인. 좋은 꿈을 꾸는지 한껏 웃으며 침까지 흘린다.

수호

주인아, 사인 좀…… 이주인!

서명지를 흔드는 수호. 주인은 슬며시 눈을 뜨고 봤다가 이내 반대편으로 돌아눕는다.

주인

됐어. 걍 나 빼고 해.

수호

뭐래- 다른 애들 다 했어. 얼른-

주인

잘됐네. 나 빠져도 티도 안 나겠다. 수고-

수호

(엥) 진짜 안 한다고? 뭐야……?
뭐 이런 새끼 돌아와도 상관없다는 거야?

주인

(귀찮아 죽겠고) 아니- 뭐 취지는 알겠는데-
보니까 틀린 말도 좀 있고…….

수호

(헉) 틀린 말? 뭐가? 어디가……?!

난리가 난 수호. 결국 주인은 서명지를 대충 훑기 시작한다.

주인

아니 이런 거……
"성폭력은 평생 씻지 못할 깊은 상처를 남기며,
한 사람의 인생과 영혼을 완전히 파괴하는……"
이거 맞아?

수호

그럼 아니야? 성범죄잖아-
것도 어린애를 대상으로 한.
그게 얼마나 큰 트라우마를…….

주인

그래, 트라우마. 뭔 소린진 알겠는데-
(웃음) 뭔 씻지 못할 상처에,
인생이랑 영혼까지 막 파괴가……
아니 왜 이렇게 극단적이야?
표현도 어디서 복붙한 것처럼-

수호

(당황) 아니…… 너 그 여자애 겨우 열 살이었던 건 알지?
수술도 여러 번 했고……
니가 지금 성범죄의 심각성을 전혀 이해를
못 하는 것 같은데…….

주인

됐고! 난 이런 틀린 말엔 동의 못 하니까 나 빼고 해.
아니다. 걍 이참에 이 말 빼고 다시 만들어라.
그게 낫겠네-

수호

(황당) 다시 만들라고? 애들 사인 다 받았는데?!

주인

그니까 애초에 틀린 말을 쓰지 말았어야지−
생기부 좀 채워보겠다고 이렇게 쉽게 접근하니까…….

수호

그런 거 아니거든?!

주인

그럼 갑자기 왜 난린데?
니가 이 문제를 뭘 안다고?!

황당해 목소리가 커지는 수호와 계속 우기는 주인. 놀란 유라가 슬쩍 말려보지만 소용없다. 그때, 교실 앞문에서 다른 학생들과 이야기 나누던 보아가 둘을 발견한다.

보아

야야, 조용!
왜? 무슨 일인데?

수호

아니, 이주인이 자꾸 이상한 억지를……
(서명지 보여주며) 쌤. 이게 진짜 틀린 말이에요?

주인

(낚아채고) 진짜로 틀렸다니까!
걸 쌤한테 물어봐야 아냐?

수호

그니까 이게 왜 틀렸냐고?!
니가 틀렸다면 무조건 틀린 거야?

주인

(우기고) 어! 내가 틀렸다면 틀린 거야!

수호

(더 황당) 그래?! 니가 뭔데?
니가 뭐 성폭행 피해자라도 되냐?!

주인

(버럭) 그래! 나도 성폭행 피해자다!! 어쩔래?!
그래서 뭐? 내 인생 막 완전 망가진 것 같냐?
나 아주 끝장난 것 같아? 그래?!

충격에 말문이 막히는 수호. 지켜보던 유라와 보아도 멈칫
한다. 다른 아이들도 무슨 말을 해야 할지 몰라 머뭇거리는
데…… 놀란 주인, 잠시 눈치를 보다 문득 씩 웃어 보인다.

……라고 말하면 장수호도 이렇게 쫄지요- (푸하하)

혼자 폭소 터지는 주인. 그제야 아이들도 긴장이 풀려 웃고 야유하는데…….

주아

(화났다) 이주인! 장난할 게 따로 있지! 알 만한 애가…….
너 벌점이야. 이번엔 만회 없어-

경고하고 가버리는 보아. 당황한 주인은 애교를 부리며 보아를 쫓아 나간다. 수호가 놀란 가슴을 진정하느라 애먹는 사이, 유라는 멀어지는 주인을 보며 생각에 잠긴다.

#22 근린공원, 길 / 배드민턴장 — 오후

하굣길. 공원을 가로질러 시내로 향하는 주인과 친구들. 보미와 소미와 **다미** 18세, 여는 왁자지껄 떠들며 앞서가고, 주인과 유라는 조금 뒤처져서 간다. 애써 무심한 척 말을 거는 유라.

유라

이주인. 근데 너 아까 왜 그런 말 했어?
뭐 진짜로 그런 일 있었던 건 아니지……?

주인

……진짜면?

그럼 안 되는 거야……?

물끄러미 바라보는 주인. 당황한 유라는 어떻게 반응해야 할지 몰라 멈춰 선다. 가만히 바라보던 주인은 이내 장난이라며 낄낄 웃는데…… 빤히 노려보던 유라는 순간 울컥해 자리를 피한다. 깜짝 놀란 주인. 잔뜩 화가 나서 멀어지는 유라를 부랴부랴 쫓아가 달랜다. 계속 밀어내는 유라를 꼭 안고 놓지 않는 주인.

#23 번화가, 노래방 — 저녁

번화가 한복판에 있는 노래방. 통창으로 내부가 들여다보인다. 목청 터져라 노래를 부르고 신나게 춤을 추는 주인과 친구들. 노래방을 부술 듯한 미친 몸부림이다. 잠시 빠져나와 물을 마시는 주인. 친구들을 가만히 바라보는데…… 다시 주인을 끌어당겨 마이크를 건네는 유라. 주인, 모든 걸 내려놓고 무아지경에 빠져 소리를 질러댄다.

#24 아파트 단지, 주차장 / 1층 현관 — 밤

구축 대단지 아파트 안. 낡은 SUV 승용차 하나가 아파트 한 동 앞에 멈춰 선다. 커다란 과자 봉지를 팔에 끼고 차에서 내리는 해인. 누군지 모를 운전자에게 잘 가라고 손을 흔들자, 차는 그대로 단지를 빠져나간다. 터덜터덜 1층 현관에 다다른 해인. 우편함에서 우편물 몇 개를 꺼내다, 편지 하나를 발견하곤 시선을 떼지 못한다.

#25 주인 집, 거실 / 해인 방 — 밤

거실 테이블 위. **'이주인'** 앞으로 온 편지봉투가 뜯어져 있다. 규격 편지지를 사용한 편지의 발신인은 아직 누군지 알 수 없고, 편지를 읽는 해인의 표정은 사뭇 심각한데……. 아토피가 번진 팔을 긁는데 도어록 소리가 들린다. 놀라서 후다닥 편지를 챙겨 방으로 들어가는 해인. 막 귀가한 주인이 들어와 소파에 벌렁 드러눕는다.

주인
해인쓰– 왔어? 엄마는?

해인
아– 오늘 회식이라던데–

주인

회식은…… 솔직히 엄마 이제 좀 걱정되는 수준 아니냐?

(시든 꽃 보고 벌떡 일어나) 아 엄마 진짜……

이럴 거면 왜 자꾸 꽃을 사 오는 거야!

갱년기야 뭐야—

테이블 위, 화병의 시든 장미를 보던 주인은 문득 해인이
먹다 남긴 과자 봉지를 발견한다. 그사이, 우왕좌왕하다
침대 매트리스 아래 편지를 욱여넣고 안심하는 해인. 돌아
보니, 어느새 방문 앞에 선 주인이 과자를 먹으며 노려보
고 있다. 움찔 놀라는 해인.

주인

이해인. 너 누가 과자 먹으래?

해인

(헉) 많이 안 먹었는데…….

주인

너 이러면 진짜 아토피 안 낫는다고 했지?

……10분 뒤에 거실 집합.

해인

왜 또— 나 안 해. 오늘은 진짜 안 해……!

무시하고 방으로 가버리는 주인. 해인, 짜증이 솟구친다.

#26 주인 집 — 밤

집 안 구석구석을 정성껏 청소하는 주인과 해인. 세탁기를
돌리고, 청소기로 밀고, 설거지도 깔끔하게 한다. 투덜거
리면서도 지시에 잘 따르는 해인. 주인이 신발장 깊숙이까
지 물걸레질을 하는 사이, 해인은 빨래를 널다 말고 동전
없애는 마술을 연습한다.

해인

누나. 나 마술쇼 하는 거 보러 올 거지?
진짜 꼭 와야 돼. 원래 쇼의 생명은 응원이랑 박수라서⋯⋯.

주인

(버럭) 아 씨 엄마 진짜!
여기도 토했어!

신발장 구석에 말라붙은 엄마의 오바이트 흔적을 발견
하는 주인. 벅벅 닦아대다 해인의 운동화에 진흙과 풀이
잔뜩 묻은 것을 발견한다.

주인

⋯⋯너 아빠 만나고 왔냐?

해인

(놀라고) 아…… 응.

주인

좀 어때? 잘 지내는 것 같아……?

해인

그냥…… 뭐 좀 나아진 것도 같고,
똑같은 것도 같고…….

주인

아…… 엄마한텐 말하지 마라. 괜히 걱정한다.

해인

알아- 미안.

주인

뭐가 미안해? 아빠 만나는데…….
너 세탁기에 수건 더 있다. 착실히 해라-

다시 바닥을 벅벅 닦는 주인. 해인이 그런 주인의 뒷모습
을 물끄러미 바라본다.

쉬는 시간. 교실 뒤편에서 댄스 영상을 찍는 아이들. 원래 섹시한 춤인데 주인이 포인트를 이상하게 잡아 점점 우스워진다. 카메라를 든 유라와 친구들 모두 웃겨 죽는다. 더 웃길 심산으로 자리로 뛰어가 서랍을 뒤지는 주인. 그런데 괴상한 모양의 선글라스를 꺼내다 뭔가가 같이 걸려 나온다. 노트를 찢어 접은 쪽지다. 열어보는 주인.

> 이주인. 너 어떻게 그런 말을 함부로 할 수 있어?
> 너 그 정도로 멍청했냐?
> 아니면 그렇게 관심받고 싶었어?

깜짝 놀라 주변을 살피는 주인. 다른 친구와 웃으며 장난치던 수호와 눈이 마주치지만, 아무래도 아닌 것 같아 더 혼란스러운데……. 문득 유라가 부르는 소리에 정신 차리는 주인. 쪽지를 주머니에 쑤셔 넣고, 선글라스를 쓰고는 친구들에게 향한다. 폭소하는 친구들. 주인도 같이 웃지만, 쪽지가 든 주머니로 자꾸 손이 간다.

#28 스터디 카페, 열람실 — 밤

구석 자리에 앉은 주인. 공부에 집중하려 애쓰지만 필통에 넣은 쪽지에 자꾸 시선이 가는데…… 문득 태선에게서 **'딸. 아직 공부 중? 데리러 갈까?'** 하는 문자가 온다. 시계를 보니 어느새 밤 11시가 넘었다. 가방을 챙기는 주인. 문득 남학생들이 들어오는 소리에 멈칫한다. 그중 한 명은 찬우다.

남학생2

암튼 이주인. 꼭 한 번씩 소름 끼치는 장난을 쳐요—

남학생3

(낄낄) 내 말이. 것도 뭔 성폭행 피해자? 그걸 누가 믿었대? 야 박찬우. 너 어떻게 생각하냐? 전남친으로서—

찬우

뭔 생각을 해—

(앉아 있던 남학생1에게) 빨리 챙겨. 나 늦었어—

심장이 덜컹 내려앉는 주인. 우왕좌왕하다 책상 아래로 기어들어가 몸을 숨긴다.

남학생2

아니 솔직히 주인이 정도면 애는 진짜 괜찮은데—
가끔 보면 좀…… 너무 가볍다고 해야 되나?

남학생3

(큭큭) 헤프다고? 걔 올해만 남친 몇 명 갈렸지?

(찬우에게) 너 몇 번째였냐?

남학생1

하지 마 좀. 얘 아직 멘붕이야—

남학생2

근데 넌 잘 사귀다 왜 까였어? 이유가 뭐래?

찬우

몰라. 내가 뭐 실수했나 보지…….

남학생1

니가 뭔 실수를 해!

암튼 이주인. 순진한 애들만 꼬셔서—

남학생3

헐. 그게 성폭행 아냐? 피해자 아니고 가해자였네!

존나 꽃뱀…….

찬우

(버럭) 주인이 그런 애 아니야!

잘 알지도 못하면서…….

화나서 먼저 나가는 찬우. 남학생들이 킥킥거리며 따라 나
간다. 책상 아래 홀로 남겨진 주인. 가만히 생각에 잠긴다.

#29 어린이집, 앞 / 현관— 오전

어린이집 앞. 등원 중인 아이들을 반갑게 맞아주는 태선.
현관에 선 수호는 송 선생과 종알종알 얘기 중인 누리를
바라본다. 누리 목덜미의 멍은 어느새 희미해졌지만, 수
호는 걱정이 많은 듯한데……. 잠시 안으로 들어온 태선.
걱정하는 수호를 보고 웃으며 다가간다.

태선

애들이 멍이 잘 들지? 금방 낫고-
암튼 애들 몸은 참 신기해. 그치?

수호

네- 근데 모양이 너무 누가 꼬집은 것처럼 생겼던데…….

태선

뭐 이리저리 휩쓸려 놀다 보면……
괜찮아. 확인했는데 별일 없었어.
너 얼른 학교 가야지-

수호

근데요. 다른 데도 아니고 목 한가운데 저러니까–
죄송한데 CCTV 한 번만 확인해주시면…….

태선

(웃고) 아휴, 괜찮다니까!
저 정도는 진짜 아무것도 아니야.
얼른 가봐, 수호야. 이러다 진짜 늦겠다.

다정하게 등을 두드리며 보내려는 태선. 주저하던 수호가
다시 돌아선다.

수호

……근데요, 원장님.
누리 깁스한 지 얼마 되지도 않았는데 또 이러니까,
애가 어린이집만 다녀오면 다치는 것 같아서요.
저희 아빠도 지금 엄청 신경 쓰고 계시고……
암튼, 잘 좀 부탁드립니다.

고개 숙여 꾸벅 인사하는 수호. 그런데 책가방이 열려 물건
들이 와르르 쏟아진다. 당황해 황급히 주워 담는 수호. 태
선, 수호의 붉어진 얼굴을 가만히 살피며 같이 주워준다.

세계의 주인

서명지를 정리하다 말고 누리가 그린 손등의 낙서를 멍하니 매만지는 수호. 선후배들은 과자를 까먹으며 영상 편집도 하고, 축제 계획도 세우며 노닥거리고 있다.

여선배

……아! 그거 알아? 세운고랑 정화여고도
황재열 반대 서명 시작했대!
아니 왜 말도 없이 따라 해? 지네 아이디어인 것처럼?

남선배

헐. 개나 소나 다 하면 희소성이 없는데?
그럼 생기부 날아가는 거 아냐?
나 진짜 가산점 받아야 되는데…….

여선배

야. 넌 지금 성적이 중요하냐?
우리 프로젝트가 함부로 카피당하고 있다니까?

남선배

넌 대학 걱정 없으니까 그런 소리 하지!
난 이거 아니면 진짜 점수 채울 거 없는데.
망했네…….

멘붕이 온 남선배가 실수로 서명지 위에 음료를 쏟자, 놀란
수호가 휴지를 가져와 테이블을 닦는다.

수호

⋯⋯아님 프로젝트를 더 키워보는 건 어때요?

전체 주민 대상으로.

그럼 나름 차별점도 생기고, 영향력도 커질 테니까⋯⋯.

여선배

오⋯⋯ 괜찮은데? 아니 우리 삼촌이 기잔데,

진짜 전교생 서명 받으면 취재해준다고 했거든–

남선배

진짜? 그럼 우리가 먼저 방송 나가서

선빵 날리면 되겠네–

아. 근데 아직 전교생 다 못 받지 않았나?

여선배

아님 일단 했다 치고 연락부터 해볼까?

이제 완전 시간 싸움이야.

우리가 먼저 치고 나가야 돼–

다시 계획을 짜는 선배들. 수호, 음료로 얼룩진 서명지를
정성껏 닦으며 생각에 잠긴다.

세계의 주인

#31 어린이집, 교실 — 오후

펠트로 만들어진 귀여운 남녀 아이의 알몸 모형과 성기 모양 교구가 화면 가득 차오른다.

태선

자– 이제 허락 없이 만지면 안 되는 부분에,
빨간색 스티커를 붙여볼게요–

태선이 진행하고 송 선생이 보조하는 성교육 시간. 눈을 반짝이며 모여 앉은 6~7세반 아이들이 남녀 아이의 알몸이 그려진 종이를 들여다보며 스티커를 붙인다. 주로 입, 가슴, 성기 등에 붙이는데 겨드랑이나 발바닥에 붙이고 웃는 아이들도 있다. 친구들의 종이를 한참 곁눈질하며 고민에 빠진 누리. 이를 본 태선이 송 선생에게 가보라고 눈짓한다.

송 선생

누리야. 쌤이랑 같이 해볼까?
(그림 속 여아 성기를 가리키며) 여긴 어때?
이름이 뭐라고 했지?

누리

(헷갈리고) 음순? 은슴……?

송 선생

그렇지. 음순.
음순도 다른 사람이 함부로 만지면 안 되겠지?

다시 고민에 빠지는 누리. 문득 송 선생을 끌어당겨 비밀스
레 귓속말을 시작한다. 태선이 그 모습을 유심히 지켜본다.

#32 어린이집, 교실 — 오후

교실을 돌아다니며 구석구석 정돈하는 송 선생. 태선은
책상에 앉아 교구를 정리한다.

송 선생

(깔깔) 저 진짜 뭔 일 있는 줄 알았다니까요?
하긴 뭐- 애들한테 음순이나 항문이나
그냥 다 똥꼬니까-

태선

(애써 웃으며) 그래서?
누리는 이제 자기 똥은 스스로 닦겠대?

송 선생

아뇨- 오빠가 계속 닦아주는 게 좋겠대요-

오빠가 똥냄새도 잘 참고,

깨끗하게 닦아준다고……. (또 터지고)

태선

그치. 수호가 잘해…….

너무 잘해서 문제야!

송 선생

근데 그 집도 걱정이에요-

누리 클수록 챙길 거 더 많아질 텐데,

집에 남자만 둘이라…….

어쨌든 뭔가 결핍이 있는 애들은 결국 티가 나잖아요-

아니 무슨 다큐 보니까, 어릴 때 힘든 일 겪으면

뇌가 완전히 변해버린대요!

그게 주변에서 아무리 도와주고 노력해도 회복이 잘…….

태선

아 송 선생.

그 네일…… 좀 자제하면 어떨까?

작은 파츠를 붙인 송 선생의 네일 아트를 가리키는 태선.

송 선생, 당황한다.

아니- 또 애들 긁힌다 뭐 한다 엄마들 말 많을까 봐.

미리 조심하자고.

한번 흠 잡히면 다들 득달같이 달려드니깐-

애써 웃으며 네일을 감추는 송 선생. 태선, 차갑게 웃으며 다시 교구를 정리한다.

#33 태권도장, 수련실 — 저녁

"하!" 파이팅 넘치는 주인의 기합이 울려 퍼진다. 돌아가며 상대를 바꾸는 겨루기 시간. 주인은 누구든 가차 없이 대응한다. 한 남중생이 실수로 주인의 가슴을 치자, 욱한 주인은 강하게 밀어붙이다 급소를 차버린다. **"악!"** 비명을 지르며 바닥을 구르는 남중생. 대한은 울컥한 남중생을 구석으로 보내고 주인을 쳐다본다. 시선을 피하는 주인.

대한

여기 니들 스트레스 풀러 오는 데 아니랬지!

다들 정신 차리고- (기합) 어이!

아이들

(같이 기합 넣고) 어이!

대한의 구령에 맞춰 기합을 넣는 아이들. 주인도 같이 기합을 넣으며 심호흡한다. 그때,

미도

어이- 더 크게 못 하나! 정신 통일! 어이-

양손에 피자와 도시락을 든 미도가 관장 흉내를 내며 들어온다. 미도를 알아본 부원들이 반갑게 달려간다. 얼굴이 환해지는 주인. 피식 웃는 대한.

34 태권도장, 관장실 — 저녁

요리가 담긴 도시락을 배불리 먹은 세 사람. 미도와 주인은 옛날 사진들을 보고 있다. 여러 태권도 대회에 나가 메달을 딴 청소년 미도와 막 태권도를 시작한 어린이 주인의 앳된 모습을 보며 깔깔거리는 두 사람. 대한은 즐거워하는 둘을 흐뭇하게 바라본다.

대한

근데 니넨 어떻게 아직도 친하냐?
미도 이사 가서도 자주 보는 거야?

미도

(웃고) 아— 저희가 또 이래저래 각별해서—

제가 주인이 인생 멘토잖……

(주인 보고) 내려놔라.

까불어—

미도의 맥주를 몰래 마셔보려다 들킨 주인. 괜히 미도의
음식을 칭찬하며 말을 돌리다 더 혼난다.

대한

(웃고) 진짜 많이 컸다, 한미도.

돈도 벌어, 요리도 해 와,

후배한테 잔소리도 할 줄 알고—

미도

그쵸? 저 이제 좀 어른 된 거 같지 않아요?

대한

어른은 모르겠고, 사람은 좀 됐지.

내가 너 사고 칠 때마다 가게며, 파출소며 죄 찾아가서…….

미도

(움찔) 관장님! 주인이도 있는데…….

대한

(한쪽 벽을 가리키며) 너 저건 언제 새로 해줄 건데?

나중에 돈 벌면 비싼 걸로 싹 다 갈아준다며-

대한이 가리키는 수련실 한쪽 벽면에 새까맣게 탄 자국과
그을음이 남아 있다.

주인

저게 왜요?

대한

너 몰라? 얘 중학생 땐가 가출했을 때,

여기서 몰래 먹고 자고 하다 저 다 태워먹었잖아.

뭐 라면 끓여 먹었댔나?

미도

……삼겹살이요.

한창 성장기에 그럴 수도 있지!

그리고 관장님이 키 주셨잖아요!

내가 뭐 몰래 들어왔나?

어이없는 대한과 항변하는 미도. 주인, 벽면의 그을음을
오래도록 바라본다.

#35 천변, 길 — 밤

사람이 거의 없는 천변. 살짝 취한 미도와 기분 좋은 주인
이 나란히 걸어간다.

주인

언니. 재판 얼마 안 남았지?
힘들진 않아……?

미도

뭐— 그래도 할 건 해야지.
엄마가 합의해달라고 전화만 안 하면
좀 살겠는데……. (웃고)

주인

아— 계속 그러시는구나—

미도

걍 애초에 집 나올 때 한 번에 해치울걸—
넌 그렇게 어릴 때, 어떻게 이런 과정을 다 참고 버텼냐?

주인

뭘 참고 버텨? 어린애가……
걍 시키는 대로 한 거지. 닥치는 대로.

미도

아- 그렇습니까, 선배님?

네네, 그럼 저도 닥치는 대로 걍 막 함 해보겠습니다-

살갑게 장난치며 다시 걸어가는 두 사람. 미도가 조금 앞
서 걷고, 주인이 따라간다.

미도

주인아. 넌 혹시……

진짜 노력하는데 잘 안되는 거 있어?

주인

안되는 거……?

미도

그냥. 다른 사람들은 다 쉽게,

아무렇지 않게 하는 것 같은데,

이상하게 난 너무 어렵고, 잘 안되는…… 그런 거?

주인

음…… (고민하다) 역시 사랑……?

미도

(찌릿) 야. 이노무 대가리 피도 안 마른 자식이…….

주인

(웃고) 치– 그럼 언닌 뭔데?

미도

나? 나는······

(한참 생각하고) 용서.

주인

(멈춰 서며) 언니······.

미도

아니– 나 진짜 많이 노력하는데–

아직도 용서가 잘 안돼. 나 자신이······

(깊은숨 들이마시고)

더 노력해야겠지?

아직 살아 있으니까······.

씩 웃으며 먼저 걸어가는 미도. 주인이 그런 미도를 가만
히 보다 쫓아가 팔짱을 낀다. 꼭 붙어서 한 몸처럼 가는 두
사람. 가로등 너머 어둠 속으로 사라진다.

#36 학원가, 앞 — 밤

픽업 차량이 늘어선 학원가 거리. 끝나는 시간이 됐는지 학원마다 아이들이 속속 빠져나오는데, 그 사이에 찬우도 있다. 깊은 한숨을 내쉬며 터덜터덜 걸어 나와 자전거 거치대 앞에 서는 찬우. 그때, 누군가 다가와 찬우를 툭 친다. 돌아보니 주인이 멋쩍게 웃으며 서 있다. 깜짝 놀라는 찬우. 한참을 서로 어색하게 바라만 보는 두 사람.

#37 아파트 단지, 놀이터 — 밤

찬우의 자전거가 얌전히 세워진 고요한 놀이터. 주인과 찬우가 커다란 미끄럼틀의 한구석에서 열렬히 키스 중이다. 찬우의 목을 살짝 감싸안는 주인. 그러자 찬우는 주인의 옷 속에 손을 넣어 더듬기 시작한다. 주인이 **"천천히—"** 하며 손을 치우지만 찬우는 들리지 않는데……. 결국 찬우의 얼굴을 양손으로 붙잡고 떼어내는 주인. 빤히 노려본다.

찬우

(놀라고) 왜왜? 나 또 너무 빨랐어?

주인

응. 또 내`말 듣지도 않고…….

찬우

미안미안. 몰랐어, 우리 애기……

(아차) 아니고 주인이.

(정신 차리고) 알았어. 나 이번엔 진짜 잘할게.

또 실수하면 막 때려도 돼!

진짜 잘할게. 잘할 수 있어……

(눈치 보다) 파이팅?

기합이 바짝 들어간 찬우의 결심이 귀여워 절로 웃음이 나는 주인. 다시 천천히 다가가 입을 맞춘다. 부드럽게 시작해 점점 깊어지는 둘의 키스. 찬우는 주인의 리드에 몸을 맡기고, 주인은 그런 찬우의 목을 두 손으로 감싸안는다. 조금씩 흥분하는 주인. 새로운 설렘에 사로잡혀 심장이 터질 것 같다.

#38 아파트 단지, 주차장 / 태선의 차 안 — 밤

구석에 주차된 태선의 차. 운전석에 앉은 태선은 술자리를 갖고 있는 동창들과 영상통화 중이다. 만취한 친구들은 시끌벅적 떠들며 **"원장 한다고 유세냐"**, **"대체 몇 년째 못 보는 거냐"**, **"니가 빠지니 재미없다. 당장 나와라"** 등 등 자기 할 말만 한다. 그사이, 장바구니에서 작은 양주 한 병을 꺼내 텀블러에 몰래 붓는 태선. 그런데 친구 하나가 좀더 다가와 보라고 성화다. 술을 따르며 핸드폰 앞으로 다가가는 태선. 친구가 **"강태선. 너 왜 이렇게 늙었냐?"** 하는데 전화가 툭 끊겨버린다. 검은 액정 위, 갑자기 태선의 푸석한 얼굴이 비치는데…… 어디선가 쿵! 소리가 들려와 황급히 몸을 숨기는 태선. 슬쩍 고개를 들어보니, 한 고등학생 커플이 장난치다 맞은편에 주차된 차에 부딪혔다가 달아나고 있다. 가만 보니, 주인이 찬우의 손을 꼭 붙잡고 활짝 웃고 있다. 만감이 교차하는 태선. 멀어지는 주인을 하염없이 바라보다 건배하듯 병을 들어 올리곤 남은 술을 모두 들이켠다.

#39 시장, 안 — 오전

끌차와 장바구니를 들고 장을 보러 다니는 연자. 해인은 충직한 심부름꾼이 되어 열심히 짐을 들고 슬쩍 참견도 하며 따라다닌다. 과일 가게에 들러 잘 익은 사과와 배를 고르는 두 사람. 쌀가게에서도 한참 동안 살피고 실랑이를 한 뒤, 특등급 쌀 5킬로그램을 산다. 점점 지쳐가는 해인을 단속하며 또 다음 가게로 향하는 연자. 이미 여러 번 반복한 듯, 둘에겐 모든 과정이 익숙해 보인다.

사찰의 맨 꼭대기. 알록달록한 연등이 매달려 있는 산신각 앞. 지루한 해인이 나뭇가지로 연등을 툭툭 치며 장난하자, 안에 있던 연자가 찌릿 시선을 보낸다.

연자

야야, 그러는 거 아냐! 불경스럽게…….

작은 산신각 안. 연자가 감을 마른 수건으로 깨끗하게 닦아 그릇에 담고 있다. 불단 위엔 이미 사과와 배 같은 과일과 떡, 미역 등 보시 음식이 가득 올라가 있고, 공양미로 올린 쌀포대 위엔 **'보시하는 사람'** 이름으로 **'이주인'**이 크게 적혀 있다. 삐죽거리며 보는 해인.

해인

할머니. 근데 기도하는데 뭘 꼭 바쳐야 돼요?

연자

당연하지. 공양이 얼마나 중요한데.
정성을 들여야 부처님도 알아주시는 거야-

해인

(치) 부처님이 직접 와서 먹는 것도 아니잖아요.
괜히 비싼 걸로만 사서. 돈 아깝게…….

연자

대신 스님들이 드시고 우리 기도 열심히 해주시잖아!
원래 기도가 비싼 거야. 세상에 공짜가 어딨다고-

무릎을 주무르며 일어나 감을 불단에 올리는 연자. 해인
이 물끄러미 바라본다.

해인

근데 할머니는 진짜 기도가 이뤄진 적이 있어요?

연자

있지.

해인

진짜요? 뭔데요?

연자

······너희 할아버지.

해인

(의아하고) 외할아버지요······? 뭐가요?
평생 술 먹고 사고만 치고 다녔다면서요-
그리고 엄청 일찍 돌아가셨잖아요!
우리 태어나기도 전에······.

연자

그러니까. 얼마나 다행이냐…….

굳은 얼굴로 가만히 불상을 보다 절을 시작하는 연자. 해인은 골똘히 생각에 잠겼다. 문득 신발을 벗고 산신각 안으로 들어간다. 연자와 같이 절을 시작한다.

#41 대형 쇼핑몰(셀프─몽타주)─오전

누군가의 핸드폰 영상 속, 주인의 눈이 화면 가득 차오른다. 가만히 노려보던 주인의 눈은 천천히 웃는 눈으로 바뀌는데……. 줌아웃 되면, 예쁜 척 애교를 부리다 민망해 깔깔 웃는 주인이 보인다. 이어지는 주인과 찬우의 셀프 데이트 영상. 둘은 밥도 먹고, 카페도 가고, 게임장도 가고, 쇼핑도 하며 즐거운 시간을 보낸다. 끝없는 수다와 장난이 이어지는 가운데, 서로 깍지 끼고 잡은 손을 놓지 않는다.

#42 천변, 자전거 도로─오전

도심에서 외곽으로 이어지는 천변의 자전거 도로. 주인이 찬우의 자전거를 대신 운전하며 달린다. 뒷자리에 앉은 찬우는 이따금 주인에게 과자를 먹여주며 종알종알 수다를 떤다. 점차 풀도 많고 하늘도 높은 평화로운 풍경으로 접어든다.

#43 다세대 빌라, 앞 — 오후

쓰레기가 가득 쌓인 누군가의 빌라 앞. 봉사 모임 멤버들은 주차된 인주의 차 트렁크에서 작업복을 꺼내 입고 청소 도구를 내리며 준비 중이다. 멤버 한 명 한 명에게 찬우를 인사시키는 주인. 찬우가 사 온 간식을 나눠주며 잘 보이려 애를 쓴다. 꽁냥거리는 어린 커플을 귀여워하는 멤버도 있고, 탐탁지 않아 하며 경계하는 멤버도 있다. 그때 멀리, **"전화하지 마시라고요!"** 하며, 미도가 신경질적으로 전화를 끊는 소리가 들린다. 잔뜩 화나서 성큼성큼 걸어오는 미도. 인주가 부러 씩 웃으며 다가간다.

인주

(부르며) 어이 한미도 씨—
왜 이렇게 화가 나셨어—

미도

아니, 언니! 울 엄마 오늘 집까지 찾아온 거 알아요?
고모들까지 다 데리고,
아침부터 시끄럽게 울고불고…….

뒤늦게 찬우를 보고 멈춰 서는 미도. 주인이 굳어지는 미도를 보고 당황한다.

인주

아…… 오늘의 깜짝 손님.

주인이 남친이랜다―

미도

……누구 온단 말 따로 못 들었는데?

주인

(황급히) 아. 내가 갑자기 데려왔어. 미안―

근데 애 일 엄청 잘해! 보기보다 힘도 세고.

걍 막 시켜도…….

미도

(끊고) 외부인은…… 미리 공지했어야지.

너 규칙 몰라?

인주

(눈치 보며) 그치. 규칙은 규칙인데―

애들이 좋은 마음으로 여기까지 왔는데 일단…….

미도

그래. 좋은 마음 잘 알겠는데,

그냥 만든 규칙도 아니고-

언니까지 이러면 안 되지.

(주인에게) 주인아. 이거 아냐. 알지? 데리고 가.

주인

(놀라며) 언니. 그래도 그렇게……

찬우가 빵도 사 왔어. 우리 일부러 언니 좋아하는

빵집까지 가서…….

인주

괜찮아. 니네 가서 준비하고 있어.

(달래며) 아이고, 우리 미도- 오늘 아주 힘든 날이었구나!

미도

힘든데 뭐? 언니 오늘 말 진짜 이상하게 한다……?

(모두에게) 아니 나만 이래? 진짜 다들 괜찮은 거예요?

이거 합의된 거야?!

인주

미도야. 알았으니까 진정 좀 하고…….

미도

(찬우에게) 야. 뭘 보고 있어- 가라니까?

아 쟤 진짜 뭔데? 왜 저런 눈으로 쳐다보는데!

사람 기분 나쁘게……?!

인주

(끊고) 야. 너 안 되겠다. 잠깐 숨 좀 돌리고 와.

동네 한 바퀴 돌면서, 정말 뭐 때문에 화난 건지

똑바로 생각해보고…….

미도

와- 이젠 내가 똑바로 생각도 못 한다고?

언니도 내가 미친년 같냐?!

그래! 나 정상 아냐!

멀쩡할 리가 없잖아 내가!! 안 그래?!!

솟구치는 화를 참을 수 없는 미도. 청소 도구를 발로 차고 난리를 피운다. 인주와 멤버들이 말리지만 쉽게 진정되지 않는 미도. 겁먹은 찬우는 슬며시 주인에게 다가오는데…… 주인은 찬우의 손길을 뿌리치며 화난 얼굴로 작업복을 벗기 시작한다. 찬우, 어쩔 줄 모르겠다.

#44 주인 집, 거실 — 밤

화장실 문을 쿵쿵 두드리는 해인. 요의 때문에 발을 동동 구르며 난리가 났다.

해인

누나!! 언제 나올 건데?! 누나아아……!!!!

아무 응답이 없는 주인. 해인은 식탁에 한가득 노트북과 교구를 펼쳐놓고 일을 하던 태선에게 달려가 간절한 눈빛을 쏘며 애원한다. 과로 속 계속되는 복통에 이미 기운이 빠져 있는 태선. 텀블러 속 술로 진통제를 삼키고, 결국 화장실 앞으로 다가간다.

태선

(똑똑똑) 주인아. 그만 나오지?
벌써 한 시간도 넘었어. 이주인……!

여전히 아무 대답도 들리지 않는 화장실. 결국 태선은 해인에게 빈 생수통 하나를 건네며 베란다로 가라고 눈짓한다. 짜증과 억울함이 가득한 몸짓으로 베란다로 향하는 해인. 화장실 문에 기대 쭈그리고 앉은 태선은 복통을 참으며, 텀블러 속 술을 홀짝인다.

#45 주인 집, 주인 방 — 밤

한밤중. 잠 못 이루고 뒤척이던 주인이 저녁부터 밤까지 아빠에게 보낸 문자를 살펴본다. **'아빠는 내가 어떤 것 같아?'**, **'혹시 나 정상 아닌 것 같아? 그래서 나 안 보는 거야?'**, **'왜 답이 없어??'**, **'아빠'**, **'무슨 일 있는 거 아니지?'** 같은 문자를 보냈는데 여전히 답이 없다. 갑자기 벌떡 일어나 전화를 거는 주인. 잠시 신호음이 울리다 통화가 연결되지만 곧장 끊어진다. 다시 전화하지만 연이어 끊기다 막판엔 핸드폰이 꺼져 있다는 음성이 흘러나온다. 핸드폰을 집어 던지는 주인. 다시 이불 속에 들어가 몸을 웅크린다. 거친 숨소리만 들려온다.

#46 학교, 급식실 — 점심

유라의 그림 속. 아침 햇살에 눈뜨는 침대 위 반라의 소녀. 멀리 창가에 선 소년을 보고는 공격적으로 직진한다. 키스를 갈기며 소년을 바닥에 눕히는 소녀. 상의를 벗더니 그대로 덮치는데…… 패드를 보며 고민에 잠긴 유라. 옆의 주인은 멍 때리고 있다.

유라

유라

그래도 처음부터 이러는 건 좀 오반가……

이주인. 넌 완전 첫 경험 땐 어땠어? 응……?

(주인 한숨 쉬자) 됐다. 너 혼자 잘 간직해라.

친구 작품이야 망하든 말든–

다시 그림 그리는 유라. 애써 미소 짓던 주인은 멀리 찬우와 눈이 마주치는데, 찬우는 어색하게 인사하곤 먼저 가버린다. 그때, 주인의 맞은편에 수호가 앉더니 서명지와 함께 사과주스를 내민다. 인상을 찌푸리는 주인. 이를 본 유라가 사과주스를 슬쩍 가져간다.

수호

주인아. 니가 틀렸다고 말한 문장 뺐는데……

제발 좀 해주면 안 될까?

너만 하면 진짜 전교생 서명인데…….

가만히 수호를 보는 주인. 그때, 한 친구가 수호에게 서명한 서명지를 주고 간다. 바로 가로채 확인하는 주인. 자신이 받은 서명지와 비교하며 인상이 일그러진다. 민망한 수호.

수호

아니– 이제 와서 전교생 걸 다 다시 받을 수도 없고–

너도 취지는 동의한다며?

괜히 작은 거에 연연하지 말고…….

주인

장수호. 넌 만약에······

니 동생이 이런 일을 당하면 어떻게 될 것 같냐?

수호

(생각만 해도 싫고) 뭐······?

주인

왜? 그래서 너도 이 난리 치는 거 아냐?

그러니까 한번 생각해보라고.

니 동생이 이렇게 끔찍한 성폭행을 당하면,

앞으로 어떻게 살 것······.

잔뜩 화가 나 노려보기만 하는 수호. 가만히 보던 주인은
한숨이 절로 나온다.

주인

······됐다. 니가 뭘 알겠냐.

모르니까 이렇게 깝치는 거잖아. 그치? (일어나고)

수호

(쫓아가고) 야, 이주인! 너나 생각해봐.

너나 그런 끔찍한 성폭행 당하면 어떻게 될지······.

순간 돌아버린 주인은 그대로 식판을 집어 던지며 달려가 수호를 발로 가격한다. 바닥에 나자빠지는 수호. 유라가 다시 달려드는 주인을 간신히 붙잡는다. 급식실은 아수라장이 된다.

#47 학교, 교장실 — 오후

차를 우리는 **교장** 50대, 여. **학생부장** 50대, 남과 웃으며 대화를 나눈다.

교장
아니- 난 애초에 이렇게 될 일이었나 모르겠어-
엄밀히 말해서 본인들 문제도 아니구만-

학생부장
(웃음) 둘 다 열정이 과했죠.
암튼 똑똑한 친구들이 더하다니까-

테이블 앞. 엉망인 차림으로 멍하니 앉은 수호. 맞은편엔 고개를 푹 숙인 주인과 황망한 표정의 태선이 눈치를 보고 있다. 잘 우려진 차를 가져와 한 잔씩 따라주는 교장. 보아는 어딘가로 계속 전화를 거는데 받지 않아 난감한 얼굴이다.

보아

수호야. 아버님 많이 바쁘신 것 같은데,

다른 연락할 만한…….

수호

괜찮아요, 쌤. 저 혼자 해도 돼요.

좀 의기소침해지는 수호. 보아가 수호 옆에 앉아 등을 두
드리며 애써 웃어 보인다.

학생부장

뭐, 일단 다들 아시겠지만-

사실 이런 일 생기면 바로 학폭위 넘기는 게 맞아요.

원칙은 그런데…….

두 학생 다 일이 커지는 건 바라지 않는다고 하고…….

교장

그치- 한창 공부할 시기에 괜히 힘만 빠지지-

보아

저…… 그럼 이번 일은 저희 선에서 잘 정리해보면

어떨까요? 수호는 어때? 어렵겠지만

먼저 마음 풀고 넘어가주면…… (눈치가 보이고)

물론 주인이가 폭력을 쓴 일에 대해선,

징계나 벌점을 고려해볼 순 있겠지만…….

수호

그러면…… 이주인 벌점 받는 거 말고요.
여기 서명하는 걸로 대체해주시면 안 돼요?
그럼 저도 다 괜찮을 것 같은데…….

놀라서 수호를 보는 어른들. 주인은 더 심란해진다.

교장

그럼 더 좋지! 깔끔하고.
수호가 진짜 대인배네–

학생부장

그러게요! 친구끼리 그래야지 그럼–
(태선에게) 어머님도 그게 나으시죠?

태선

그럼요. 징계보다야……
고맙다, 수호야.

보아

(달래듯) 주인아.
수호가 이렇게까지 배려해주는데…….

주인 앞에 조심스레 서명지를 내미는 보아. 태선까지 잘 넘
어가자는 얼굴로 다독이자 주인은 더 참담해진다.

잠시 고민하는 주인. 곧 결심한 얼굴로 보아를 본다.

주인

……할게요, 서명.
장수호가 이 문장 완전히 틀렸다는 거 인정하면요.

태선

(손을 잡으며) 주인아…….

주인

(손을 빼며) 아니, 이거 진짜 틀린 말이고,
쟤도 알아야 돼요.
왜냐하면…… 저도 성폭력 피해자니까요.

순간, 놀라서 굳어지는 사람들. 당황한 태선은 어쩔 줄 모르겠어 그저 고개를 푹 숙인다.

주인

어릴 때 일이고, 그땐 진짜 힘들긴 했는데요.
어쨌든 지나갔고, 그게 제 인생의 전부도 아니에요.
보다시피 저 나름 열심히 잘 살고 있고……
(수호에게) 내 인생 아직 망가지지 않았어.
그러니까 함부로 얘기하지 말아줘.
부탁할게.

충격으로 말문이 막힌 수호. 주인은 문득 수호의 손등에
색색 가지 하트 모양이 가득 그려진 것을 발견한다. 누리
의 낙서인 듯한데…… 깊은숨을 내쉬며 서명지를 앞으로
당겨오는 주인. 종이 위에 자신의 이름 **'이주인'**을 또박또
박 적어 넣는다.

#48 도로(세차장 가는 길), **태선의 차 안**— 해 질 녘

어디론가 이동하는 태선의 차. 차창 밖, 아파트 풍경 너머
로 다정한 하늘이 펼쳐진다. 주인과 태선은 아무 말이 없
는데…… 터널로 들어가는 차. 주위가 천천히 어두워진다.

#49 기계식 세차장, **태선의 차 안**— 저녁

해가 진 저녁. 태선의 차가 세차장 안으로 천천히 들어간
다. 주인과 태선, 둘 다 조용하다. 기어를 중립으로 맞춘
뒤 핸들에서 손을 떼는 태선. 세차가 시작된다.

주인
엄마, 미안. 갑자기……
많이 놀랐지…….

태선

아냐, 무슨……

네가 더 놀랐지…….

주인

나도 말하려고 말한 건 아닌데……

암튼 정말 미안…….

태선

니가 뭐가 자꾸 미안해.

엄마가 미안하지…….

다시 말이 없어지는 두 사람. 세차가 진행 중인 차창 밖을
물끄러미 바라보는데…….

주인

……그러니까.

다른 애들 보기 전에 나부터 좀 돌봐주지……

원장 되는 거 나중에 하고……

나랑 더 있어주지…….

냉랭하고 울먹해진 주인의 목소리. 태선, 마음이 무너진다.

주인

엄마잖아……

내 얼굴만 보고 알았어야지……

내 말 믿어줬어야지……!

어떻게 내가 그런 일을 당하게 만들어……!!!

그렇게 오랫동안!!!

왜……!!! 내가 뭘 잘못했다고!!!

대체 내가 왜 시발……!!!!!!

눈물을 쏟아내며 악을 쓰고 몸부림치는 주인. 주체할 수 없는 분노와 울분이 한꺼번에 솟구친다. 소리 없이 눈물만 뚝뚝 흘리는 태선. 한두 번 겪는 일이 아닌 것 같지만 매번 새롭게 아픈 듯……. 한참의 폭발 끝에 서서히 잠잠해지는 주인. 태선이 조심스레 물을 내밀자 그대로 받아 벌컥벌컥 마신다. 그제야 좀 진정이 되는 주인. 끝나가는 창밖 세차 풍경을 멍하니 바라보는 두 사람. 전면 유리창은 티 없이 깨끗한데…….

태선

……한 바퀴 더 돌까?

창밖을 물끄러미 보다 끄덕이는 주인. 태선은 그제야 조금 안심하는 얼굴이 된다. 세차장을 나온 태선의 차는 크게 돌아 다시 입구로 들어선다. 주인, 음악을 크게 튼다.

새 편지지. **'저 해인이에요'**까지 쓰고 고민하는 해인. 지저분한 책상 위엔 해인이 그간 숨겨온 주인의 편지 열댓 통이 모두 펼쳐져 있다. 아토피가 심해진 팔을 벅벅 긁으며 고민하는 해인. 쓰다 만 편지지를 골똘히 보다 문득 잘게 찢더니, 동그랗게 만 손안에 쑤셔 넣고 바람을 분다. 이어 손바닥을 펼치자 모두 사라졌는데…… 책상 아래엔, 그런 식으로 둥글게 뭉쳐져 버려진 편지지 뭉치가 가득하다. 그때, 도어록 해제 소리가 들린다. 후다닥 나가 방문을 꼭 닫고 앞에 서는 해인.

해인
(괜히 까불며) 뭐야 — 다들 왜 이렇게 늦었어 —
나 빼고 한잔한 거야?

태선
(받아칠 힘도 없고) 저녁 먹었지? 너무 늦었다. 얼른 자 —

해인
(기가 죽고) 네 —
아 주인쓰! 누나 책상에 내가 마술쇼 초대장…….

순간, 벌겋게 부은 주인의 눈을 보고 입을 다무는 해인. 그 사이, 태선도 안방에 들어가 조용히 문을 닫는다. 거실에 혼자 남겨진 해인. 어깨가 축 처진다.

#51 깊은 산길 — 밤

캄캄한 하늘. 여전히 알 수 없는 누군가가 더 울창해진 산
길을 걸어간다. 끝도 없는 깊은 곳으로 한없이 걸어가는
누군가. 발소리와 숨소리만 점점 커진다.

#52 주인 집, 안방 / 주방 — 새벽

안방. 악몽에 신음하다 간신히 눈뜨는 태선. 온몸이 땀으
로 젖었다.

주방. 냉장고에서 물을 꺼내 벌컥벌컥 마시는 태선. 잠시
숨을 돌리는데, 냉장고에 붙어 있던 해인의 학예회 마술
쇼 초대장이 떨어지자 주워서 한참을 바라본다. 해인이 고
사리손으로 직접 그린 알록달록한 표지를 펼치니, 'To. 사
랑하는 엄마, 누나, 아빠. 우리 가족을 이해인 마술쇼의
VIP로 모십니다'로 시작하는 다정한 인사가 적혀 있다. 잠
시 후, 식탁에 앉은 태선. 핸드폰을 들고 '주인 아빠'에게
'얘기 좀 해'라고 문자를 보내곤 텀블러를 만지작거린다.
잠시 생각에 잠기는 태선. 문득 벌떡 일어나 텀블러 속 술
을 개수대에 비우곤 다시 방으로 들어간다. 식탁 위, 시든
장미가 꽂힌 화병만 덩그러니 남아 있다. 아직 밤이 깊다.

쉬는 시간. 친구들에게 둘러싸인 주인. 긴장을 감추고 애
써 편하게 웃어 보인다.

주인

암튼 나도 어릴 때 그런……
종류의 일을 겪었다 보니까 괜히 욱해서…….
물론 그래도 그러면 안 되지!
수호한테도 진짜 미안하고…….
암튼 서로 얘기해서 잘 해결됐어.
괜히 걱정시켜서 미안해—

소미

아냐. 뭐가 미안해—
말해줘서 고맙지…….

다미

진짜…… 그리고 니 말 완전 맞아.
그런 일 있었다고 사람이 무조건 망가지냐?

보미

맞아. 사실 나도 초딩 때 성추행당한 적 있는데.
학원 버스에서…….

소미

헐. 학원 버스에서?

보미

응. 옆에 중딩 오빠가 가방 아래로
허벅지 만지는데, 무서워서 걍 자는 척했어.
그리고 바로 학원 그만두고…….

다미

사실 나도…… 어릴 때 동네 할아버지한테 성희롱당했는데.
맨날 귀에다 바람 불고 막 이상한 말 하고…….
변태 새끼. 이제 뒤졌겠지?

같이 흥분하고 분노하는 친구들. 사뭇 심각해진 유라는
별말이 없다.

소미

근데…… 정확히 어떤 일이었어?

유라

어떤 일? 무슨 말이야……?

소미

아니- 애가 작은 일로 그 난리 치진 않았을 거고-
혹시 그 황재열 사건…….

주인

(놀라고) 아냐! 난 그 사건이랑은 아무 관계 없어.
완전히 다른 일이야, 나는……

소미

……그치? 아니지?
완전 다행이다…….

다미

신고는 했어? 범인은?

주인

아…… 잡혔어. 감옥도 갔고.

다미

시발. 그런 새끼들은 평생 감옥에서 썩어야 돼!

소미

근데 막 강간 이런 거 아니면 형량 완전 적을걸? 그치?

보미

맞아. 막 가족한테 그래도 진짜 얼마 안 살더만—

다미

헐. 최악인데?

그런 건 완전 사형 때려야 되는 거 아냐?!

소미

아니지— 걍 평생 고문.

죽으려고 해도 다시 살려내서 조지고……

이제 신나서 고문 방법을 논의하는 친구들. 복잡한 얼굴의 유라는 같이 웃기 힘들다.

#54 학교, 운동장 — 오후

체육 시간. 줄을 서서 농구 자유투를 연습하는 아이들. 주인은 뺨에 찰과상이 남은 수호와 눈이 마주치지만 민망해 피하고, 애써 모른 척 다른 친구들과 장난치며 논다. 그때, 한 남학생이 장난을 걸어오자, 주인은 부리나케 남학생을 쫓아갔다 역으로 헤드록을 당한다. 복수라며 깔깔 웃는 남학생. 주인은 놓으라며 간지럼을 태우는데…….

보미

(버럭) 그만 좀 해!

주인이가 하지 말라잖아!

호통에 놀란 남학생이 헤드록을 풀자, 낄낄거리던 주인도 놀라 멈춘다. 여러 친구들 사이, 불편한 시선이 오가는데……. 체육 교사가 무슨 일이냐며 다가가자, 친구들은 아무 일도 아니라며 주의를 돌린다. 한 친구가 남학생을 데려가 속삭이는 사이, 보미와 소미와 다미는 주인에게 다가가 괜찮냐며 걱정스레 묻는다. 당황한 기색을 감추며 애써 웃어 보이는 주인. 멀리 떨어진 유라는 눈이 마주치자 시선을 피한다. 주인, 더 당황스럽다.

#55 근린공원, 나무 길 / 농구장 — 오후

하굣길. 장난치며 앞서가는 보미와 소미와 다미. 유라는 핸드폰만 보며 간다. 계속 눈치 보던 주인은 애써 아무렇지 않은 척 유라에게 달라붙는다.

주인
공유라. 너 왜 자꾸 나 피해–
너 나한테 화난 거 있지!

유라
아니. 없는데…….

주인

아니…… 너한테 먼저 말 못 한 건 진짜 미안!

애들이 왜 징계 안 받았냐고 하도 뭐라 해서,

괜히 이상한 소문날…….

유라

아니라고. 그런 거.

주인

그럼 왜 그러는데- 나 좀 봐봐.

왜 그래- 내가 그런 얘기 해서 갑자기 걱정돼?

아님 막 신경 쓰여?

근데 나 진짜 괜찮아! 어차피 다 지난 일이고…….

문득 멈춰 서는 유라. 노려보는 시선에 주인은 움찔한다.

유라

(욱하고) 이주인. 넌 뭐가 그렇게 다 괜찮냐?

너 진짜 괜찮아?

(흔들리는 주인의 눈빛에 다시 혼란스럽고)

……미안. 그냥 담에 얘기하자.

내가 생리 직전이라 쫌…….

주인

유라야– 나 진짜 괜찮아–

나 좀 봐봐. 응?

봐– 나 완전 말짱하잖아! 잘 좀 봐보라니까?

애원하듯 유라를 붙들고 눈을 맞추려는 주인. 자꾸 피하는 유라와 실랑이하다 한쪽 운동화가 벗겨지지만 멈추지 않는데……. **"아야–"** 하는 신음에 겨우 손을 놓는 주인. 손등을 살짝 긁힌 유라는 주인과 눈이 마주치지만 바로 피하고는 먼저 가버린다. 멀어지는 유라를 망연히 보는 주인. 앞서가던 친구들이 먼저 가겠다는 유라를 걱정하는 모습이 보이지만 다가갈 수 없다. 한숨이 절로 나오는 주인. 벗겨진 운동화를 신으려는데 안에서 뭔가 걸린다. 신발 안에, 전에 받은 것과 같은 모양으로 접힌 쪽지가 들어 있다. 천천히 들어 펼쳐보는 주인.

이주인. 계속 바뀌는 니 말을 어떻게 믿으라고?

너 이러는 진짜 의도가 뭔데?

사람들 불편하고 혼란스럽게 하니까 재밌냐?

#56 기동 집, 앞마당 — 오후

깊은 산 아래 평지. 웃자란 수풀 속, 창고처럼 생긴 작은
불법 건축물 하나가 들어서 있다. 허름하지만 나름 정갈
하게 가꿔진 건물 앞, 널따란 텃밭에선 작업복을 입은 남
자가 굵은 땀방울을 흘리며 일하고 있는데…… 수염이 까
칠하게 올라온 얼굴로 정성껏 농작물을 돌보는 이는 다름
아닌 **기동**40대, 남. 어디선가 개 한 마리가 짖기 시작하자
천천히 고개를 들어 내다본다. 멀리, 한참을 걸어온 듯한
태선이 기동을 향해 다가가다 걸음을 멈춘다. 그제야 도
구를 내려놓는 기동. 가만히 서로를 보는 두 사람.

#57 기동 집, 안 — 오후

세간살이랄 게 거의 없는 조촐한 창고 안. 작은 숙직실 같
은 방의 간이침대 위엔 최근 해인이 그린 그림이 붙어 있고,
천장에 매달린 빨랫줄엔 오래된 속옷과 양말 등이 가지런
히 널려 마르고 있다. 큰 평상 위엔 막 수확해 깨끗하게 씻
은 농작물이 널려 있고, 헌책이 가득 꽂힌 책장 옆으론 작
은 양동이가 천장에서 떨어지는 물을 받고 있는데……. 테
이블 앞에 앉은 태선. 찬찬히 집 안을 둘러보다 문득 옆에
한가득 쌓인 인스턴트식품들에 시선이 간다. 막 우린 차를
가져다주는 기동. 태선은 가방에서 두툼한 항우울제 약봉
지와 해인의 학예회 초대장을 함께 꺼내 테이블에 올린다.

태선

이번이 마지막이야.

의사도 이제 당신이 직접 안 오면 약 안 주겠대.

기동

아, 고마워, 여보-

(다시 일어나) 벌써 좀 쌀쌀하지?

아무래도 산이라…….

땔감이 한가득 쌓인 상자를 가져와 난로를 피우려는 기동.

태선, 가만히 본다.

태선

……그래서? 생각 좀 해봤어?

기동

(희미하게 웃고) 뭐…… 좀더 보자.

아랫동네 파종 시작하면 일손도 좀 도와야 되고-

밑에 이장님댁 비닐하우스도…….

태선

주인 아빠. 여기 일하러 온 거 아니잖아-

벌써 3년째야. 이런다고 더 좋아지지도 않는 것 같구만…….

기동

왜- 그래도 전보다 잠도 좀 자고-

태선

그래? 잘됐네. 그럼 그만 집에 와-
아. 이제 내가 여기서 살아야겠다.
나도 잠 좀 한번 푹 자보게……

멋쩍게 웃으며 난로만 붙들고 있는 기동. 태선, 그런 기동
을 빤히 본다.

태선

당신…… 솔직히 여기 혼자 있으니까 좋지? 응?
자연을 벗 삼아 혼자 고고하게 청승 떨면서-
온갖 더러운 꼴 안 보고 살아도 되고. 그치?
내가 지랄하는 꼴 안 봐도 되고-
그런 거지?

기동

아냐. 당신이 뭐 얼마나 그랬다고……

태선

(순간 욱) 그래, 내 말이! 내가 뭘 얼마나 그랬다고!
내가 너한테 그 정도는 할 수 있지 않니?
니가…… 그 새끼 형인데?!

기동

······그래. 내가······. (한숨이 절로)

태선

(겨우 참고) 해인이 학예회는? 올 거지?

기동

글쎄 뭐······ 맞다. 당근 챙겨놨어.
(당근 찾으며) 그게 아토피에 좋다고
주인이도 당근 아직 좋아하······.

태선

(끊고) 근데 너 주인이 연락 왜 자꾸 씹어?
내가 언제까지 니 실드 치면서 주인이 안심시켜야 돼?

기동

내가 주인이랑 무슨 애길 하냐. 이제 와서······.

태선

내가 언제 애기하래? 답을 하라고 그냥-
밥 먹었냐면 먹었다, 잘 잤냐면 잘 잤다,
그냥 답을 하면 될 걸 왜······.
도대체 내가 왜 그런 것까지
일일이 신경을 써야 되니······ 어?

세계의 주인

기동
미안해……
그냥 주인이 생각하면 내 마음이 너무…….

태선
넌 니 마음이 그렇게 중요하니?

고개를 푹 숙이는 기동. 태선은 점차 밀려드는 복통에 결국 주저앉는다. 기동이 놀라서 다가오자, 태선은 가방을 달라고 하더니 진통제를 꺼내 두 알을 동시에 삼킨다. 잠시 내버려두라는 제스처만 겨우 하고 동그랗게 몸을 마는 태선. 기동은 물을 가져다주곤, 다시 난로 앞으로 가 불을 지핀다. 창밖, 울창한 나무들이 바람에 고요하게 일렁인다.

#58 태권도장, 수련실 — 오전

막 동이 튼 직후의 고요한 동네. 불 꺼진 도장 안. 홀로 샌드백을 차는 주인의 실루엣이 보인다. 주인의 숨소리와 발차기 소리만이 한참 이어지는데……. 누군가 들어오는 소리에 긴장해 멈추는 주인. 찬우가 빼꼼 고개를 내민다.

찬우
……정말 아무도 없어?

바짝 긴장한 찬우가 귀여워 웃음이 나는 주인. 어서 들어오라고 손짓한다. 어스름 속에서도, 찬우를 본 주인의 눈빛이 반짝반짝 빛난다.

#59 태권도장, 수련실 — 오전

매트리스 위. 정신없이 키스하는 두 사람. 주인의 키스가 찬우의 목으로, 귀로 넘어가며 과감해지자, 찬우도 조심스레 주인의 상의 안에 손을 넣어 가슴을 애무한다. 흥분해 찬우의 상의를 벗기는 주인. 자연스레 주인 위에 올라탄 찬우는 주인의 배에 장난스럽게 뽀뽀하는데…… 갑자기 굳어지는 주인의 얼굴. 찬우를 멈춰 세우려다 안 되자 자신도 모르게 발로 차버린다. 매트에서 굴러떨어지는 찬우. 순간 웃음이 터진 주인은 뒤늦게 아파하는 찬우에게 다가가지만, 찬우는 조용히 물리치더니 옷을 입기 시작한다.

주인

미안미안. 실수야. 나 너무 긴장돼서…….

애교 있게 다가가는 주인. 그런데 찬우의 눈에서 갑자기 눈물이 뚝 떨어진다.

찬우

주인아. 나…… 더 못 할 것 같아. 미안.

주인

야– 꼭 오늘 안 해도 돼.

우리 나중에 또–

찬우

아니 그냥…… 내가 너를 잘 모르겠어.

나 진짜 너 좋아하는데……

그래서 잘하고 싶은데……

니가 자꾸 이랬다저랬다……. (울컥하고)

주인

찬우야– 그래서 내가 얘기했잖아.

나 어릴 때 일 때문에,

갑자기 이상해질 수 있으니까……

찬우

주인아. 난 그냥 니가……

너무 어려워. 미안해.

조용히 일어나는 찬우. 주인이 찬우의 다리를 그대로 끌어안는다. 이별을 예감하면서도 찬우를 놓지 못하는 주인. 벽면의 그을린 자국만 멍하니 바라본다.

#60 스터디 카페, 열람실 — 오후

패드 속 만화를 까맣게 덧칠하며 생각에 잠긴 유라. 다미
가 간식을 한 움큼 나눠주며 뭘 그리냐고 묻자, 놀란 유라
는 패드를 감춘다. 보여달라고 조르는 다미와 애써 피하며
아픈 얼굴을 하는 유라. 조금 떨어진 곳에 보미와 소미가
앉아 간식을 까먹고 있다.

보미
유라 생리통 진짜 오래가네-
스트레스 장난 아닌가 봐.

소미
그렇겠지- 유라도 이제 알았다며?
주인이랑 벌써 몇 넌인데-

보미
하긴. 나도 요즘 주인이 좀 어색한데.
괜히 부담스럽고.

그사이, 다미는 다시 친구들에게 돌아와 귀를 쫑긋 세운다.

다미
아- 그 일? 나도 모를 때가 더 편했는데…….
그걸 굳이 얘기했어야 됐나?

소미

근데…… 니넨 솔직히 주인이 말 다 믿어져?
난 잘 모르겠던데–

다미

사실 나도. 정확히 뭔 일을 당한 건지도 모르겠고…….
보기엔 또 말짱하잖아?

소미

근데– 어쨌든 진짜 그런 일을 당한 거면–
트라우마가 아예 없을 수는 없지 않나?

보미

그치– 자기도 모르게 있을 수도 있고–

다미

난 사실…… 주인이 뻥 잘 치고 좀 욱하는 것도
뭔가 그런 영향인가 싶었는데…….

보미

난 걔 남친 계속 바꾸고, 애들 막 더듬고 그런 거!

소미

헐. 오히려 성에 더 집착하게 된 건가?
뭐야, 소름 끼쳐–

다미

야. 그래도 주인이 정도면 완전 갓생 사는 거 아니냐?

소미

아님 존나 노력하는 걸 수도 있지.
정상인처럼 보이려고…….

다미

아. 말만 들어도 개피곤-
걍 아무 일 안 당하고 노답으로 사는 게 낫겠다.

보미

응- 그거 이미 니 인생-

깔깔 웃던 친구들은 문득 유라가 사라진 걸 발견한다. 생리통이 진짜 심한가 보다며, 또 다른 주제로 수다 꽃을 피우는 친구들. 유라 책상엔 다미가 준 간식이 고스란히 놓여 있다.

#61 어린이집, 교실 — 오후

작은 책상 아래 숨어 버티는 누리. 콧물이 줄줄 흐른다. 휴지를 내미는 송 선생.

송 선생

누리야. 콧물만 좀 닦자.

깨끗해야 같이 놀지-

누리

나 콧물 없는데- 나 혼자 놀 건데-

한숨만 나오는 송 선생. 창 너머 복도로, 태선을 찾아 두리
번거리는 주인이 보인다. 주인 손에는 태선에게 주려고 산
듯한 작은 장미 꽃다발이 들려 있다.

송 선생

주인아. 원장님 오늘 일찍 퇴근하셨는데-

(꽃다발 보고) 어머 너무 예쁘다. 원장님 진짜 좋아하셨겠다-

(헉) 혹시 원장님 생신……이니?

주인

(멋쩍게 웃고) 아- 아니에요, 그냥…….

근데 엄마 왜요? 또 배 아프대요?

송 선생

응. 병원 가보셔야 되는 거 아닌가…….

잘 됐다! 너 잠깐 애기 좀 봐줄래?

주인

(놀라고) 네?

송 선생

아니– 하필 오늘 상비약이 뚝 떨어져서–
딱 5분이면 돼. 내가 후딱 애 감기약만 사 올 테니까…….

누리

나 약 안 먹을 건데?!
나 진짜 괜찮은데?!

그제야 책상 아래 숨어 있던 누리를 발견하는 주인. 그 사
이, 송 선생은 지갑을 챙겨 후다닥 현관을 빠져나간다. 주인
과 누리만 남은 교실. 주인, 키를 낮추고 누리를 빤히 쳐다
본다. 누리도 주인을 가만히 노려본다.

#62 법원, 재판정 — 오후

한창 재판 중인 법정. 증인석에 앉은 미도는 입술을 꾹 깨
물고 상대편 **변호사**30대, 여를 노려본다. 방청석에 앉아 있
는 인주와 주부, 프리랜서, 회사원. 다들 긴장 상태다.

변호사

글쎄요. 증인이 정말 괴로운 상황이었다면,
어떻게 이런 문자를 보낼 수 있죠?
"아빠. 오늘 비 많이 오니까 운전 조심하세요."
하트 이모티콘도 같이요.

미도

……아빠가 그 이모티콘을 좋아해서요.
기분을 좋게 하면 좀 나아질 줄 알았는데…….

변호사

증인은 그날 오후,
한 태권도 대회에서 은메달을 수상하셨죠.
그때 찍은 사진과 영상들에서 증인은 어느 때보다 밝고
즐거워 보였고요.

미도

네. 진짜 좋았어요.
메달까지 딸 줄은 몰랐어서…….

변호사

어떻게 평소보다 더 좋은 기량을 뽐낼 수 있었나요?
그날 증인이 정말 부친에게서 심각한
성폭행 피해를 입었다면…….

미도

진짜 열심히 준비했으니까요!

그리고 그땐 그게 성폭행인지 뭔지도 몰랐는데…….

변호사

모친의 증언에 따르면…… 증인은 그달,

부친께 체대 입시 학원비로 200만 원을 요구하셨죠.

원래 150만 원인데 50만 원을 더 달라고 한 거고요.

왜 가격을 속였나요?

당황하는 미도, 순간 인주와 눈이 마주친다. 괜찮다는 듯
가만히 끄덕이는 인주.

미도

속인 건 아니고……

용돈을 너무 안 줘서 그랬어요.

왔다 갔다 하려면 교통비랑 저녁도 먹어야 되는데…….

변호사

그래도 50만 원은 고등학생에겐 큰돈 아닌가요?

미도

그 정도 요구할 권리는 있다고 생각했어요.

당한 게 있는데……. (울컥하고)

변호사

권리요?

미도

근데 결국 안 줬잖아요. 그래서 운동도 포기했고…….

변호사

운동을 포기한 건 본인의 선택 아닌가요?

미도

아니에요. 저 정말 계속하고 싶었어요.
제가 진짜 얼마나 열심히 했는데…….

변호사

하지만 그 시점에 이미 증인은
가출과 탈선을 반복하면서, 어릴 때부터 나가던
동네 도장에도 잘 나가지 않았는데요.
증인은 부친이 운동보다는 공부를 권했기 때문에…….

멈추지 않는 눈물에 목이 메는 미도. 그때, 지켜보던 인주
가 벌떡 일어나더니 증인석으로 향한다. 재판장의 주의에
도, 인주는 미도에게 다가가 손수건을 꼭 쥐여주고 한참을
바라보다 다시 자리로 돌아간다. 미도, 잠시 고개를 돌려
인주와 멤버들을 바라본다.

변호사

증인은 최근 부친이 막대한 상속을 받은 것을
알고 있나요?

미도

몰랐어요.

변호사

증인은 왜 지금 이 시점에 고발을 하는 건가요?
정말 과거, 부친에 의한 성폭력 피해가 있었다면…….

미도

있었어요. 진짜로 있었어요.

자신도 모르게 박수를 치는 인주. 바로 재판장의 경고를
받는다. 미도는 변호사를 똑바로 쳐다본다.

#63 미도의 주점, 안 — 밤

주방. 튀김기 속 부글부글 끓어오르는 기름을 멍하니 바
라보는 미도. 온도는 점점 올라가는데 딴생각에 잠겨 넋
놓고 있다. 어느새 들어온 **사장**40대, 여 이 그릇을 찾자 정
신이 드는 미도. 그릇을 대신 찾아 내준다.

사장

아 미도야. 밖에 누구 오셨던데- 알고 있는 거지?

미도

(놀라고) 네? 누구요……?

사장

몰라. 그냥 가족이라고……
들어와서 기다리시라고 했는데,
그냥 밖에 계시겠다고…….
(손님이 부르자) 네, 지금 가요-
(미도에게) 미도야, 김치 좀-

그릇을 들고 부랴부랴 홀로 나가는 사장. 미도는 냉장고에
서 김치를 꺼내 접시에 담는데 심장이 터질 것 같다. 애써
덤덤한 얼굴로 나가 주방 창 너머로 김치를 건네는 미도.
슬쩍 출입문 쪽을 살피는데, 계산하려 서 있는 손님들로
가려져 잘 보이지 않는다. 더 긴장하는 미도. 순간, 물러서
는 손님들 사이로, 출입구 앞에 멀뚱히 서 있던 주인이 드
러난다. 그제야 옅은 한숨을 내쉬며 안도하는 미도. 눈이
마주친 주인은 멋쩍게 웃어 보인다.

잠시 후. 주방 의자에 멍하니 앉아 있는 주인. 미도가 바쁘
게 움직이다 힐끔 본다.

미도

그니까 연락 좀 하고 오지. 한창 바쁠 때…….

주인

(치) 언니가 계속 내 문자 씹었잖아.

재판도 못 가게 하고-

미도

니가 거길 왜 와? 뭐 볼 거 있다고-

근데 진짜 무슨 일인데?

뭐- 남친이랑 싸웠냐? 애는 착해 보이더만…….

주인

그치, 근데…… 내가 차버렸어! 질려가지고.

아 몰라. 언니는? 잘 했어……?

미도

당연하지. 나 한미도야-

내가 아주 말로 꺾고, 지르고, 옆 돌려차면서…….

태권도 동작을 취하다 그릇을 와장창 떨어뜨리는 미도. 놀
란 주인이 다가와 같이 줍는다. 그제야 서로 눈 맞추며 피
식 웃는 두 사람. 미도가 앞치마를 건네자 주인이 자연스
레 받아 든다. 산처럼 쌓인 설거지 앞에 서는 주인. 미도도
요리를 시작한다.

뉴스 화면. 아동 성범죄자 황재열이 살았던 지역의 주민들이 그의 출소와 거주를 반대하는 서명운동을 벌였다는 기획보도가 흐른다. 교복을 입다 만 채 넋 놓고 TV를 보는 수호. 속옷 바람의 누리는 아침 식사를 오만 데 흘리고 다니며 장난을 친다. 그 사이, 뉴스는 방송반 선배들의 열띤 인터뷰에 이어, 출소 반대 온라인 국민청원에 30만 명이 참여했지만 결국 그가 다시 지역으로 돌아올 거라는 소식으로 마무리되는데…… 황망한 수호. 그때, 활개 치고 다니던 누리가 시리얼 그릇을 와장창 엎는다.

수호

(버럭) 장누리! 너 진짜 아침부터 왜 그러는데……?!

소리를 빽 지르며 다가가는 수호. 놀란 누리는 식탁에서 밥 먹으며 일하던 아빠에게 달려가 안긴다. 누리와 수호를 다정하게 진정시키는 아빠. 하지만 수호는 주체할 수 없는 화가 솟구치는데……. 그러다 문득, 아빠를 꼭 끌어안은 누리의 목덜미에 또 다른 작은 멍 자국이 생긴 것을 발견하는 수호. 아빠도 그제야 멍을 발견하고 같이 살펴본다.

어린이집 옆. 막 주차된 태선의 차 안. 피로한 얼굴의 태선
이 가방에서 약병을 꺼내는데 비어 있다. 한숨이 절로 나
는 태선. 점점 심해지는 복통을 참으며 멍하니 생각에 잠
기는데…… 어디선가 언성을 높이는 소리에 놀란 태선은
차에서 내려 슬그머니 다가간다. 정문 앞에서 수호가 누리
의 목덜미 멍을 두고 송 선생에게 항의 중이다. 막 등원한
다른 부모와 원생들도 다가와 송 선생은 더 눈치가 보인다.

송 선생

수호야. 이게 어린이집에서 이랬는지
확실하지도 않고–

수호

여기 아니면 다칠 데가 없다니까요?
집이랑 여기만 왔다 갔다 하는데…….

송 선생

아니 근데 전에도 같은 일 있었을 때,
원장님이 CCTV 일일이 다 확인하셨는데 아니었잖아.
그리고 솔직히 이게 뭐 그렇게 큰 상처도 아닌데…….

수호

이게 안 커요?

그럼 얼마나 커야 상처로 쳐주실 건데요?

(옆 아이 엄마에게) 아니 진짜 다른 집은

이 정도는 괜찮다고 그냥 넘어가요?!

그럼 어디까지가 괜찮고, 어디서부터가 안 괜찮은 건데요?!

(답답하고) 아니 제가 진짜 모르겠어서 그래요!

그래도 저는 알아야 되잖아요.

제가 모르면 안 되는데…… 제가 엄마 대신인데…….

울컥 눈물을 보이는 수호. 당황한 송 선생과 아이 엄마가 수호를 달래는 사이, 태선은 자신도 모르게 슬쩍 몸을 숨긴다. 멀리 다른 원생이 아빠와 다가오는 모습에 더 몸을 낮추고 차 뒤에 쪼그려 앉는 태선. 복통이 점점 심해진다.

#66 학교, 교실 — 오전

쉬는 시간. 책상에 맥없이 엎드린 수호. 두 친구가 그런 수호를 위로한다.

남학생

야. 애초에 불가능한 거였어—

솔직히 죗값 다 치르고 나오는 새끼를 우리가

무슨 수로 막냐?

여학생

맞아. 경찰이 보초도 설 거라며?

넘 걱정하지 마─

축 처진 수호의 뒷모습을 가만히 바라보는 주인. 시선을
옮기다 문득 뒷자리에 앉은 유라와 눈이 마주친다. 슬그머
니 시선을 피하는 유라. 주인, 멋쩍게 웃어넘기려 하지만
한숨이 절로 나오는데…… 그때, 누군가 책상에 사과를 하
나 놓고 간다. 흠칫 놀라는 주인. 묵직한 종이봉투를 끌어
안은 다미가 아이들 책상을 돌면서 사과를 하나씩 나눠주
고 있다. 유라의 책상에도 올려놓는다.

유라

……뭐야? 웬 사과?

다미

쌤이 애들 하나씩 나눠주라고……

너무 많은데?

냅다 하나씩 더 얹는 다미. 주인의 책상에도 하나 더 올린
다. 인상이 구겨지는 주인.

주인

아 나는…… (만지기도 싫고) 괜찮아. 가져가─

다미

(이미 멀어졌고) 아 몰라- 알아서 처리해-

보미

(사과 먹으며) 맞다. 주인이 사과 안 먹는댔지?
왜? 알러지야?

소미

(같이 먹으며) 아닐걸?
걍 싫어하는 거 아냐?

보미

진짜? 헐. 나 사과 걍 싫어하는 사람 첨 봐.
싫어하기엔 넘 무난한 과일 아닌가-

소미

그니까. 근데 주인이 진짜 사과 왜 싫어?
뭐 향? 맛? 아님 식감……?

보미

아님 먹다 체한 적 있나?
왜 안 좋은 일 겪으면 몸이 다 기억한다잖아-
너 사과랑 관련해서 뭐 나쁜 일 있었어?
뭔가 트라우마 생길 만한…….

소미

(괜히 찔려) 야. 왜 그런 얘길 해-
주인아, 미안. 괜히 불편하게…….

보미

(같이 찔려) 아…… 내가 생각이 짧았다. 진짜 미안……
(사과 가져가며) 이거 가져갈게. 신경 쓰지 마-

말문이 막혀 웃기만 하는 주인. 지레 겁먹은 아이들은 서로를 탓하며 교실을 빠져나간다. 홀로 남겨진 주인을 지켜보는 유라. 잠시 멍하니 생각에 잠겼던 주인은 다시 정신을 차리고 책상을 정돈하다 문득 텀블러 아래 놓인 쪽지를 발견한다. 주변을 둘러보며 천천히 열어보는 주인. 누군가 그런 주인을 오랫동안 지켜보는 시선이 이어지는데……. 한참을 가만히 쪽지를 읽던 주인은 갑자기 가방을 챙겨 일어나더니 그대로 교실을 빠져나간다. 놀란 유라가 뒤늦게 따라가지만 이미 떠난 뒤다. 주인이 떠난 자리를 망연히 바라보던 유라는 문득 주인의 자리에 놓여 있는 작은 쪽지를 발견하는데……. 쪽지를 들어 천천히 열어보는 유라.

이주인. 넌 정말 아무렇지 않은 거야? 아님 쇼하는 거야?
정말 괜찮은 거야? 아님 그렇다고 믿고 싶은 거야?
뭐가 진짜 너야? 너한테 진짜가 있긴 한 거야?

　　　　세계의 주인

#67 천변, 다리 위 ─ 오전

깊은 생각에 잠겨 천천히 다리 위를 걷는 주인. 문득 걸음을 멈추고, 난간 너머 천변 풍경을 가만히 바라본다. 햇빛을 받아 반짝이는 내천에 반쯤 뜯긴 더러운 스티로폼 상자 하나가 떠내려온다. 물살을 타고 이리저리 이동하던 상자는 수풀이 가득 우거진 천변 구석에 도달하는데…… 그곳엔 그렇게 떠내려온 다양한 종류의 쓰레기들이 가득하다. 한참을 바라보는 주인. 생각에 잠긴다.

#68 어린이집, 원장실 / 복도 ─ 오후

원장실. 심각한 얼굴로 컴퓨터 화면을 보는 태선. 그 앞에 선 누리가 혼자 인형을 갖고 놀고 있다. 똑똑─ 노크 소리가 들리자 겨우 고개를 드는 태선. 문 앞에 송 선생이 서 있다.

송 선생
쌤─ 시간 괜찮으세요?
오늘 해인이 학예회 가신다고…….

태선
맞다. 내 정신 좀 봐. 지금 몇 시지?

송 선생

(웃고) 지각하실 것 같은데……? 얼른 가보세요!
제가 최종 확인하고 수호 아버님 오시면……. (다가가고)

태선

(막아서고) 아, 아냐. 내가 마무리할게.
송 선생. 진짜 미안한데……
나 위장약 아무거나 좀 사다 줄 수 있을까?

송 선생

어머, 쌤! 많이 아프세요? 어떡해…….
기다리세요! 저 금방 다녀올게요!

부랴부랴 나가는 송 선생. 태선은 다시 컴퓨터 화면을 들여다본다. 며칠 전 CCTV 영상 속, 주인이 교실 문 앞에서서 송 선생과 대화를 나누는 모습이 재생된다. 송 선생이 나간 뒤, 주인은 테이블 아래 있던 누리를 빤히 보더니확 잡아 뺀다. 이어 몇 마디 하더니 갑자기 누리의 목덜미를 꼬집고 나가버리는 주인. 다시 돌려 보지만, 주인이 누리의 목덜미를 꼬집어 비트는 순간만큼은 정확히 보인다.깊은 한숨이 절로 나오는 태선. 머리를 싸매고 고민에 잠기는데, 누리가 다가온다.

누리

선생님…… 많이 아파요?

태선

응? (노트북을 덮고) 아냐, 누리야.
쌤 괜찮아–

누리

아닌데? 아픈 것 같은데……?

태선

(애써 웃고) 아닌데– 진짜 괜찮은데–

가까이에서 태선을 빤히 쳐다보는 누리. 갑자기 태선의 목
덜미를 꽉 꼬집는다.

누리

이래도 안 아파요……?

놀라서 말문이 막히는 태선. 누리는 빤히 바라보며 인상을
찌푸린다.

누리

아프면 아프다고 해야지.

거짓말하면 더 아프댔는데?

(다시 꼬집고) 그럼 이것도 안 아파요?

(또 꼬집고) 그럼 이것도……?

태선의 이곳저곳을 꼬집으며 반응을 살피는 누리. 태선은 그런 누리를 망연히 바라만 본다. 복통이 점점 거세지는 것을 느끼며 서서히 충격에 휩싸인다.

#69 초등학교, 강당 ─ 오후

무대 위, 핀 조명을 받은 마술사 복장의 해인이 관객을 향해 빨간 스카프를 펼쳐 보인다. 한껏 신중한 눈빛으로 스카프를 요리조리 흔드니 장미꽃이 나온다. 박수와 환호가 터져 나오는 객석. 이어 빈 공책에 그림을 가득 채우고, 로프를 막대기처럼 세우고, 종이상자에서 화려한 색종이가 나타나게 만든다. 갈수록 반응이 좋아지지만, 긴장한 해인은 점점 더 굳은 얼굴이 된다.

잠시 후. **담임**40대, 남이 객석을 돌며 색색 가지 종이를 나눠준다.

담임

자― 이번엔 더 놀라운 마술입니다.

여러분의 평소 걱정거리, 골칫거리들을 여기 적으세요―

그럼 우리 이해인 마술사가 다 해결해드립니다―

종이에 다양한 걱정거리를 적는 관객들. 작은 아크릴 상자
가 다가오면 그 안에 종이를 넣는다. 그사이, 해인은 객석
을 둘러보지만 찾는 얼굴은 아무도 없는데……. 진행을 도
와주던 담임이 종이로 꽉 찬 아크릴 상자를 내밀자, 해인
은 그제야 정신 차리고 무대로 올라간다.

해인

자― 그럼 이 안에 담긴 여러분의 모든 걱정과 고민들을,

제가 완전히 사라지게 하겠습니다.

이번엔 다시 돌아오지 않습니다―

기대에 찬 관객들. 해인은 슬슬 폼을 잡는다. 상자 위로 망
토를 이리저리 휘젓는다.

해인

수리수리 마하수리―

이 세상의 모든 걱정과 고민들이여.

영원히 사라져라…… 하!

망토를 걷는 해인. 정말 상자 안이 텅– 비어 있다. 지금까지 중 제일 큰 박수와 함성이 터져 나오는데…… 장내가 점차 술렁이더니 탄성이 웃음으로 변한다. 다들 바닥을 가리킨다. 그제야 발밑을 내려다보는 해인. 탁자 밑에 잘 숨겨졌어야 할 아크릴 상자가 단상 앞에 떨궈져 있다. 그 안을 가득 채웠던 알록달록한 종이들도 무대 위를 나뒹군다. 어느새 위로와 응원의 박수가 터져 나오지만 움직일 수 없는 해인. 바닥에 흩뿌려진 종이들만 멍하니 바라본다.

#70 병원, 수술실 앞 ─ 저녁

수술실 앞 벤치. 여러 개의 염주를 양손에 쥔 연자가 나지막이 염불을 외며 기도 중이다. 걱정스러운 얼굴의 연자. 한숨이 깊은데…… 갑자기 **"할머니!"** 부르는 소리가 들리더니, 복도 끝에서 주인과 해인이 허겁지겁 달려온다. 꾀죄죄한 행색의 주인은 커다란 비닐봉지를 들고 있는데, 스티로폼 상자도 들어 있는 것으로 보아 천변의 쓰레기를 모두 주워 온 모양이다. 아직 마술사 망토를 걸친 해인은 연자를 보자마자 와락 끌어안는다.

주인
할머니. 엄마는……?

연자

지금 수술하고 있어. 갑자기 뭔 담낭이 터졌다고……
괜찮아. 다 괜찮아질 거야…….

해인을 가볍게 떼어놓곤 다시 염주를 돌리며 기도하는 연자. 해인은 괜히 수술실 안을 힐끔거려 본다. 주인도 같이 서성이며 두 손을 모은다.

#71 병원, 다인실 / 복도 — 밤

창가 옆자리 병상. 푸석한 얼굴로 잠든 태선. 그 옆엔 피로에 지친 해인이 곤히 잠이 들어 있다. 태선의 손을 꼭 붙잡고 옆에 앉은 주인. 병실 앞 복도에서 **레지던트**30대, 여 와이야기 나누는 연자를 물끄러미 바라본다.

레지던트

응급 상황이긴 했는데 운이 정말 좋으셨어요.
담낭 제거는 잘 됐고요.
것보단 지금 알콜성 간경화 초기로 의심되시는데……
환자분 평소에 술을 얼마나 드시나요?

연자

아…… 모르겠어요.
원래 술을 잘 하는 애가 아닌데…….

그때, 문득 손등에 미세한 통증을 느끼고 돌아보는 주인. 어느새 깨어난 태선이 주인의 손등을 비틀어 꼬집고 있다. 깜짝 놀라는 주인. 모든 걸 직감한 주인은 변명할 말을 찾지 못해 머뭇거리다 부끄러움에 고개가 숙여지는데…….태선, 그런 주인을 가만히 바라보다 꼬집었던 주인의 손을 자신의 가슴으로 당겨 얹는다. 주인을 가만히 감싸안는 태선. 눈물이 그렁그렁한 주인도 슬며시 기대 눕는다.

태선
주인아…… 니 잘못 아니야…….

작은 병상 침대에 오밀조밀 모여 누운 세 사람. 깊은 밤이 지나가고 있다.

#72 깊은 산길 — 오전

아침 햇살이 나무 사이로 은은하게 드리우는 울창한 숲길. 누군가 여전히 걸어가는 중이다. 시야가 더 밝아지면서 속도도 편안하게 늦춰졌지만 결코 멈추진 않는다. 고른 숨소리와 저벅저벅 발소리만 가득한 가운데, 앞으로, 더 앞으로 나아가는 발걸음만 있다.

#73 사찰, 대웅전 — 오전

벤치에 누워 잠든 해인. 좋은 꿈을 꾸는지 가만히 미소 짓고 있는데…… 청아한 목탁 소리가 울려 퍼지는 대웅전 안. 중장년 신자들이 정성스레 절을 올리고 있다. 염주를 돌리고, 염불을 외우고, 아픈 무릎을 주무르며 기도하는 신자들. 그 가운데, 연자도 있다. 무릎을 꿇고 바닥에 납작 엎드리는 연자. 손바닥을 정성껏 하늘로 들어 올린다.

#74 다세대 빌라, 안 — 오전

쓰레기와 잡동사니가 한가득 쌓여 있는 누군가의 거실. 작업복을 입은 멤버들이 열심히 청소 중이다.

프리랜서
아무리 그래도 그렇지!
재판 중에 앞으로 나가면 어떡하냐?
미쳤어, 진짜–

인주
야. 그게 내 기술이야–
걔네 순간 움찔 피하는 거 봤지?
쫄아가지고– (웃고)

주부

근데 그쪽 레퍼토리는 어쩜 그렇게 다 똑같아?
나한테도 오빠 용돈 왜 받았냐고 쌩난리였는데.

회사원

(푸핫) 생각난다.
그때 누나 남편 완전 눈 막 돌아가지고…….

미도

(놀라고) 진짜? 그 순딩이 오빠가?

회사원

어어! 아니 재판 끝나고 엄청 씩씩거리면서
그쪽 변호사 쫓아가더니,
엘베 앞에 딱 서서…… 그냥 막……
째려보기만 하고- (낄낄)

프리랜서

그래도 무죄 나온 건 진짜 충격이야-
판사 새끼 누구야?!

미도

몰라요. 바로 항소하긴 했는데…….

주부

걱정 마. 나도 2심 때 완전 뒤집혔어.

진실이 이겨.

인주

당연하지. 아님 내가 판사 새끼를 뒤집어버릴라니까…….

미도

인주 언니. 솔직히 말해봐.

재판 못 해본 한 다 나한테 푸는 거지?

인주

당연하지. 내가 우리 아빠 죗값까지

다 니네 아빠한테 물릴 거야.

살아생전 열심히 대리 복수하면서– (핸드폰 울린다)

뭐야– 갑자기 웬 영상통화를…… 여보세요?

임산부 (통화 목소리)

언니– 나 새벽에 애기 낳았어!

진짜 죽을 뻔했잖아! 미친–

미도

(달려들어) 헐!

언니 애기 낳았다고?! 진짜?!

미도가 뺏어 든 핸드폰으로 와르르 달려드는 멤버들. 영상통화 속 산모와 아이를 보며 한껏 축하를 이어간다. 미도와 인주도 그 속에서 활짝 웃는다.

#75 태권도장, 수련실 / 관장실 — 오후

수련실 한구석. 남중생 세 명과 초등생 한 명이 컵라면을 먹으며 놀고 있다. 막 들어온 대한은 천연덕스럽게 인사하는 아이들을 보며 기가 막힌다. 간식을 내려놓는 대한.

대한
그건 또 어디서들 귀신같이 찾았냐? 숨겨둔 걸……
(둘러보고) 여기 냄새나. 들어가서 먹어—

컵라면과 간식을 들고 부랴부랴 관장실로 들어가는 아이들. 그때, 곰팡이가 생긴 벽면에 새로 페인트를 칠하던 **인부**30대, 남가 그을린 벽면까지 칠하려 하자 대한이 슬쩍 다가간다.

대한
아니, 그쪽 벽은 그냥 놔두세요.

인부
네? 칠하시는 김에 같이 하시지?
페인트도 남는데—

아뇨. 저건 임자가 따로 있어서…….

거기 빼고, 저 위쪽만 잘 좀 부탁드립니다—

의아해하며 작업을 이어가는 인부. 대한, 가만히 바라보는
데 관장실에서 우당탕 소리가 들려온다. **"이놈들—"** 하며
관장실로 향하는 대한. 그을린 흔적은 고스란히 남겨진다.

#76 주인 집, 거실 / 해인 방 — 밤

마술쇼를 위해 거실을 세팅 중인 해인. 나름 학예회 무대
처럼 꾸며지는 중이다. 바닥을 걸레로 싹싹 닦으며 청소하
는 주인. 태선이 새로운 장미꽃을 화병에 꽂고 거실로 오
다가 물을 바닥에 한가득 흘린다. 툴툴거리며 나무라는
주인. 태선은 들은 척도 안 하고, 주방으로 향한다. 문득
핸드폰 알람이 울려 보니, 아빠가 **'주인아. 엄마 퇴원 잘
했지?'**, **'방학하면 한번 올래?'** 하는 문자를 보내왔다. 가
만히 보는 주인.

해인

누나. 나 방에서 마술봉 좀—

주인

이해인. 어디 하늘 같은 누님한테…… 어딨는데?

바로 핸드폰을 던지고 해인 방으로 건너가는 주인. 너무 엉망진창이라 어디서부터 찾아야 할지 감도 안 잡힌다. 여기저기 살피다 침대 매트리스 아래에 삐죽 튀어나온 검은 봉지를 발견하는 주인. 이건가 싶어 힘껏 잡아 빼는데, 봉지가 북─ 찢어지며 안에 있던 편지들이 사방에 흩어진다. 편지 하나를 들어 보니, 보내는 사람에 **'경상북도 청송군 진보우체국 사서함 1호 이기범 삼촌'**이 적혀 있다. 심장이 덜컹 내려앉는 주인. 편지 내용을 슬쩍 보니 모두 기범이 보낸 편지들이다. 말문이 막히는 주인. 문득 다른 색깔의 편지지 하나를 발견한다. 해인이 쓰다 만 편지다.

삼촌. 저 해인이에요.

제발 우리 누나한테 편지 보내지 마세요.

저는 삼촌이 그냥 사라졌으면 좋겠

가만히 바라보는 주인. 눈물이 차오르는데…… 주방의 태선이 야식거리를 잔뜩 들고 거실로 가는 소리가 들린다. 후다닥 편지를 제자리에 숨겨놓고 거실로 나가는 주인.

주인

엄마. 의사 쌤이 기름기 있는 거 먹지 말랬잖아!

왜 이렇게 말을 안 들어 진짜!

태선

야. 안 죽어, 안 죽어…….

누나. 내 마술봉은?

이해인. 너 이놈 새끼……
제발 방 청소 좀 해……!

해인에게 헤드록을 걸고 이리저리 흔드는 주인. 부러 더
소란을 피우며 간신히 눈물을 참는다. 태선은 야식을 먹
으며, 아웅다웅하는 남매를 타박하면서 함께 웃는다. 테
이블 위 화병에 싱싱한 빨간 장미와 안개꽃이 한 아름 꽂
혀 있다. 다정한 주말 저녁의 풍경.

#77 수호 동네, 계단 길 — 오전

함께 등교하는 수호 남매. 수호는 앞으로 누군가 아프게
하면 꼭 말해야 한다고 신신당부를 하고, 누리는 이제 바
로 복수할 거라며 어디서 배웠는지 모를 복싱 폼을 흉내
낸다. 누리의 진지함에 절로 웃음이 터지는 수호. 그러다
문득 늘 지나던 성범죄자의 집 앞에 멈춰 선다. 낙서가 모
두 지워진 깨끗한 빌라 앞, 보초를 서던 경찰 둘이 핸드폰
을 들고 접근하는 **유튜버** 30대, 남를 제지하고 있다.

경찰

여기서 이러시면 안 됩니다. 그만 가세요―

유튜버

(핸드폰을 향해) 여러분. 들으셨죠?
저런 **나쁜 새끼**를 경찰이 보호합니다―
우리 혈세가 저런 씨발 성범죄자한테 낭비되고 있어요―

투사가 된 양 라이브 방송을 진행하는 유튜버와 제지하느라 힘이 다 빠지는 경찰. 그때, 멀리서 **"오빠!"** 하는 누리의 고함이 들려온다. 후다닥 계단을 내려가는 수호. 경찰과 유튜버의 실랑이는 계속된다.

#78 학교, 복도 ― 오전

등교 시간. 누군가의 핸드폰 카메라가 아이들로 가득한 복도를 천천히 훑는다. 걷고, 뛰고, 장난치고, 수다 떠는 아이들을 지나, 멀리 복도 끝에서 명랑하게 걸어오는 주인을 발견하는 카메라. 서서히 줌으로 들어가는데……. 찬우와 정면으로 마주치는 주인. 애써 웃으며 인사하지만, 찬우는 같이 가던 남학생들의 눈치를 보다 그냥 가버린다. 멀어지는 찬우를 망연히 바라보는 주인. 그때, 수호가 다가와 주인의 목덜미를 비틀어 꼬집더니 **"누리가 시킨 거다"** 하고 사라진다. 입이 댓 발 나오지만 뭐라 할 수 없는 주인.

카메라는 그런 주인을 열심히 뒤쫓다 순간 놓치고 헤맨다. 그러다 갑자기 화면 가득 주인의 코가 차오르는데…… 황급히 줌아웃하는 카메라. 주인이 화난 얼굴로 노려보고 있다. 카메라는 유라 것이었다.

주인
……뭐 하냐?

유라
(민망) 뭐…… 니가 잘 좀 보라며!
그래서 봤다! 봤는데……
뭐 씨 볼 것도 없구만.
이주인. 못생겨가지고…….

주인
야. (화난 듯 잠시 보다) 봐봐.
얼마나 못생겼는데…….

유라의 핸드폰을 홱 낚아채는 주인. 영상을 보며 큭큭 웃는다. 이제 주인이 유라를 찍겠다며 난리를 친다. 별다른 화해의 말 없이 가까워지는 두 사람.

교사들이 거의 없는 한적한 교무실 안. 보아 앞에 마주 앉은 주인은 멋쩍은 미소만 짓고 있다. 주인이 받았던 쪽지들을 하나씩 다시 보는 보아. 진지한 얼굴이다.

보아

정말 이거 말고 더 받은 거 없어?
뭐 문자라든가, 전화라든가…….

주인

네. 진짜 없어요. 이제 저한테 질렸나 봐요-

장난스레 웃는 주인. 여전히 걱정스러운 보아의 시선을 느끼곤, 자세를 바로 한다.

보아

암튼- 앞으로 또 이런 일 있으면 바로 얘기해.
괜히 또 혼자 끌어안고 끙끙대다,
학교 땡땡이치지 말고-
너 이제 고3이다. 단디해라-

주인

네- 아. 진짜 애초에 왜 그런 말을 해가지고…….
이제 욱 좀 그만해야 되는데…… 그쵸?

보아

(피식) 진로는? 생각 좀 해봤어?

주인

(파일을 내밀며) 여기……

근데 진짜 너무 어려워요, 쌤-

보아

(받아 들고) 당연하지. 미래가 뭐 한 번에 그려지나-

오케이! 가서 애들 오기 전에 좀 쉬어.

난 생리통에 이게 직빵이더라- (초콜릿 주고)

주인

오- 감사합니다, 쌤!

맨날 생리해야지-

신나서 꾸벅 인사하고 뛰어나가는 주인. 보아는 파일철 안의 종이를 꺼내 보는데…… 주인의 진로 희망란에 **'사랑'**이라 쓰여 있고, 사유엔 **'평소 다양한 사람을 만나 역동적인 연애를 즐기며 이에 소질이 있다는 것을……'**로 시작하는 궤변이 적혀 있다. 고개를 들어보지만 이미 주인은 사라지고 없다.

체육 시간이라 텅 빈 교실. 아이들의 교복이 책상 곳곳에 올려져 있다. 초콜릿을 먹으며 터벅터벅 교실로 들어서는 주인. 누군가의 지저분한 책상 위, 사과가 놓인 것을 발견하고 잠시 동요하지만, 깊은숨을 내쉬며 이내 자리에 앉는다. 때마침 쉬는 시간 종이 울리고, 복도는 서서히 아이들의 소음으로 차오르는데……. 주인, 서랍에서 다음 시간 교과서를 꺼내는데, 몇 장 펼치자 또 다른 쪽지가 나온다. 그런데 이번 것은 어쩐지 좀 두껍다. 그사이, 체육을 마친 친구들이 하나둘 들어오기 시작한다. 잠시 망설이던 주인은 천천히 쪽지를 열어본다.

이주인. 미안해.

나는 그냥 진실이 알고 싶었어.

사실 나도 너랑 같아. 나도 어릴 때 그런 일을 겪었어.

그런데 나는 너랑 달라. 나는 지금도 그런 일을 겪고 있어.

너를 지켜보면서 나는 문득 궁금해졌어.

나도 진실을 말하면 어떻게 될지.

나도 너처럼 진짜로 살아갈 수 있을까?

난 이제 말하지 않고는 견딜 수 없게 됐어.

그래서 더 늦기 전에 내 얘기를 해보려고 해.

너는 내가 누군지 영영 모르겠지만,

나는 너를 영원히 기억할 거야.

고마워. 이주인.

쪽지의 한 문장, 한 문장이 같은 반 여러 남녀 아이들의 목소리로 주인의 귓가에 내려앉는다. 자신도 모르게 울컥 울음이 올라오는 주인. 어느새 교실을 가득 채운 친구들의 얼굴을 하나씩 살펴본다. 누가 쪽지를 쓴 사람인지 알아보려는 듯, 웃고, 화내고, 시무룩하고, 진지한, 다양한 얼굴들 하나하나를 오래도록 바라보는데…… 문득 한 남학생이 주인을 툭 치고 지나간다. 가만히 보다 차리에서 벌떡 일어나는 주인. 남학생을 잡으러 쫓아간다. 왁자지껄한 웃고 떠드는 아이들 속으로 뛰어 들어간다. 주인, 세계와 하나가 된다.

끝.

세계의

주인

감독의 말

감독의 말

세계의 주인

이 각본집에 실린 시나리오는 2024년 11월 26일에 완성한 버전으로, 총 33회차의 촬영을 마친 뒤 편집을 위해 정리한 일종의 '촬영고'입니다. 여기 담긴 모든 장면을 촬영했으나 후반 작업을 거치며 분량과 위치를 재조정하거나 삭제하는 등 다양한 수정을 거쳤고, 최종적으로는 본래의 각본과는 또 다른 영화 〈세계의 주인〉이 완성되었습니다.

각본이란 건 언제를 완성 시기로 봐야 하는지 아직도 잘 모르겠습니다. 사실 각본에 완성이라는 단어가 어울리는지도 의문입니다. 영화를 만들기 위한 설계도면을 각본이라고 보는 감독의 입장에서, 각본은 언제까지나 본 촬영을 계획하는 데 필요한 중간 단계의 준비물에 머물 수밖에 없기 때문입니다. 긴 시간 가장 치열하게 들여다보고 매만지지만 영원히 완성되지 못할 각본의 존재론적 슬픔을 마주할 때마다, 그야말로 만감이 교차합니다. 그럼에도, 절대 완성되지 못할 새로운 무언가를 다시 쓸 수 있게 되기를 희망합니다.

출간을 위해 오랜만에 지난 시나리오들을 들춰보며, 나의 동료들은 이 거칠고 서툰 밑그림에서 대체 무엇을 발견했기에 이 험난한 여정에 동참하게 되었을까 많이 놀랐습니다. 그리고 이제, 그들의 노련한 손길을 거쳐 가까스로 완성된 영화를 먼저 감상하셨을 관객분들이 거꾸로 이 각본을 읽으며 무엇을 발견하시게 될까 궁금해집니다. 모쪼록 주인의 세계로 풍덩 뛰어드는 즐거운 감상이 되시기를 진심으로 바랍니다.

주제넘지만, 이 이야기를 똑바로 마주하던 무렵, 제게 가장 강력하고 든든한 등불이 되어주신 이금이 작가님의 소설 《유진과 유진》에 마음 깊이 감사함을 전합니다. 벌써 20여 년 전에 우리에게 찾아온 그 기적 같은 작품이 저의 인생과 제가 쓴 각본의 면면에 아주 강렬하고 압도적인 영향을 미쳤습니다.

그리고 무엇보다, 이 각본을 쓰기 한참 전부터 불현듯 저를 찾아와 자신의 가장 어둡고 가장 빛나는 이야기를 나눠준 수많은 이주인 여러분들께 진심으로 고맙다는 말을 전하고 싶습니다. 내가, 네가, 그리고 우리가 혼자가 아니라는 것을 알게 해줘서, 정말 고마워, 이주인.

2025년 가을,
윤가은

죽은 여

스틸 컷

세계

세계의 주인

세계의 주인

세계의 주인

세계의 주인

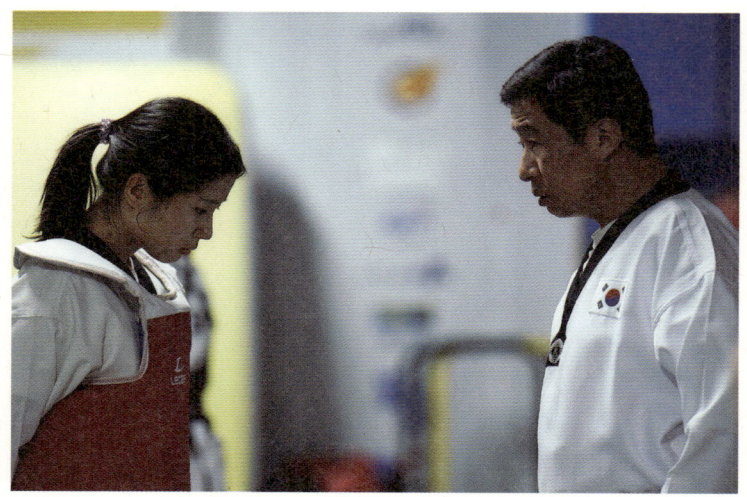

세계의 주인

세계의 주인

　　　　　세계의 주인

세계의 주인

세계의 주인

세계의 주인

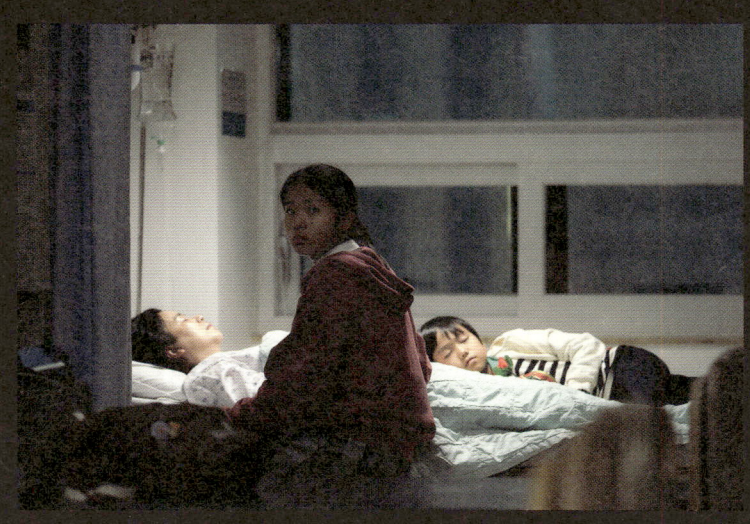

세계의 주인

세계의 주인
각본집

윤가은 지음

초판 1쇄 발행 2025년 11월 3일
초판 3쇄 발행 2025년 12월 1일

지은이
윤가은

펴낸곳
(주)안온북스

펴낸이
서효인 · 이정미

출판등록
2021년 1월 5일 제2021-000003호

주소
서울시 마포구 월드컵로14길 28 301호

전화
02-6941-1856(7)

홈페이지
www.anonbooks.net

인스타그램
@anonbooks_publishing

디자인
텍스토
textor.kr

ISBN
979-11-92638-75-1 (03680)